GRANDES DE BOLSILLO

Hollywood al desnudo

La cara oculta del cine y sus estrellas

ESPASA

GRANDES DE BOLSILLO
33

JUAN PANDO

Hollywood al desnudo

La cara oculta del cine y sus estrellas

ESPASA

GRANDES DE BOLSILLO

Director Editorial: Juan González Álvaro
Editora: Nuria Esteban Sánchez
Diseño de Colección: Paniagua & Calleja
Ilustración de Cubierta: Paniagua & Calleja
Ilustración de Contracubierta: Jorge Represa

Depósito Legal: M. 2-1997
I.S.B.N.: 84-239-9138-5

Impreso en España/Printed in Spain
Impresión: UNIGRAF, S. L.

Editorial Espasa Calpe, S. A.
Carretera de Irún, km 12,200. 28049 Madrid

A mi familia

Querría expresar mi agradecimiento a Francisco Bartolomé y a José Antonio Rodrigo y Ruiz de Carvajal porque me abrieron las puertas de la profesión periodística, desde la agencia EFE en Madrid y Radio Santander en Cantabria, respectivamente.

Asimismo, reitero mi deuda de gratitud y mi amistad a Mari Luz Rodrigo, excelente profesional de la unidad de español de la BBC World Service (Londres) y a Paul Millican.

Índice

Prólogo

El cine es, por más que muchos lo quieran olvidar, un espectáculo, una industria y un arte. El mal de España es que, por tradición, sólo se ha considerado el hecho cinematográfico desde su faceta como arte, con ignorancia y desprecio hacia los otros dos aspectos del fenómeno. En consecuencia, la información que recibe el espectador se alimenta, sobre todo, de las opiniones, todas subjetivas, como es lógico, que les merecen a los críticos las películas que ven.

El problema es que para la mayoría del público, el cine es un espectáculo y éste es un enfoque sobre el que muy poco o nada se ocupan los críticos, que, por definición, se limitan a ver películas y comentarlas, de acuerdo a su formación técnica, sus gustos estéticos y su habilidad literaria. El resto de información, ingente, que genera el cine como espectáculo e industria, lo ignoran o lo desprecian.

Un ejemplo. Inicialmente fue Montgomery Clift y no William Holden el actor elegido para protagonizar el clásico de Billy Wilder *El crepúsculo de los dioses* (1950). Dos semanas antes de iniciar el rodaje, sin embargo, abandonó el proyecto, porque aseguró que no iba a resultar convincente en el papel de un hombre que se enamora de una mujer que le dobla la edad. Sin embargo, sus palabras sólo encubrían una verdad que era muy distinta.

Por entonces, el actor bisexual vivía una extraña e intensa relación con la excéntrica cantante Libby Holman, catorce años mayor que él, que amenazó con suicidarse si protagonizaba la película porque podría parecer que se estaba burlando públicamente de ella. Todo el mundo está de acuerdo en que Monty Clift fue un actor con muchas más cualidades como intérprete que William Holden y que, en consecuencia, si la película la hubiera hecho él, el resultado artístico hubiera sido muy distinto.

Luego, una circunstancia que despreciaría mencionar cualquier crítico que se autoconsidere serio, tuvo una gran repercusión en el resultado artístico de la película. La importancia objetiva del dato se refuerza porque el actor, además, puso como disculpa para no seguir adelante una objeción artística, como fue que cuestionaba la verosimilitud de su personaje, un detalle que, dicho así, podría dar lugar a toda clase de elucubraciones entre los críticos.

Este tipo de informaciones, por completo habituales en la prensa cinematográfica anglosajona, no son para nada corrientes en España. Como tampoco lo es vincular los resultados artísticos del cine a sus procesos industriales. Esto, que puede parecer algo de lo más aburrido, no lo es en absoluto. Sirve además para explicar, sin idealizaciones, y situar en su justa medida fenómenos como el éxito de Antonio Banderas en Hollywood o por qué Aitana Sánchez-Gijón pudo trabajar con Keanu Reeves.

¿Por qué entonces no existe una tradición de tratar con seriedad el cine como espectáculo y como industria, igual que en otros países? No es, desde luego, porque nadie crea que la opinión subjetiva de los críticos agote la información cinematográfica ni porque exista la idea de que son datos que no interesan a nadie. La explicación es bastante más sencilla y lógica, y tiene mucho que ver con la falta de informadores especializados en la materia, sin pruritos críticos.

Para solucionarlo no ayuda la moda de que personas con renombre en otros campos escriban sobre cine. Sus textos, cuando hablamos de un Julián Marías o del siempre acertado e ingenioso Francisco Umbral, se justifican por sí mismos. Pero cuando alguien escribe sobre el tema de forma habitual, porque, a veces, ve películas, agudiza la idea de que el cine es algo que sólo cuenta en tanto que es arte. Aparte de que resulta tan curioso como imaginar que un enfermo de riñón escribiera de nefrología porque sufre cólicos nefríticos o una madre sobre ginecología porque alguna vez dio a luz.

La información de cine en los medios de comunicación depende de la sección de Espectáculos, que a veces tiene autonomía propia y otras veces está adscrita a la sección de Cultura. En ambos casos, la situación es similar. El cine lo cubren los críticos en cuanto a opinar sobre las películas que ven, y periodistas no especializados, en cuanto al resto. Eso quiere decir que una misma persona escribe de cine, pero también de arte, libros, danza, música y teatro.

La propia lógica indica que un periodista que tiene que cubrir al día varias informaciones de distintas áreas de la cultura, por muy profesional que sea, y los periodistas en España lo son, no puede profundizar en ninguna de ellas. En el caso del cine, significa que depende fundamentalmente del folleto de promoción que le remite la distribuidora de cada película. Más o menos, como si alguien escribiese de medicina documentándose con folletos o propaganda de los laboratorios.

Ésta es una situación que no depende ni del profesional de la información, que tiene que trabajar para comer, ni de los departamentos de promoción de las distribuidoras, que cumplen con su cometido profesional, como es su derecho y su obligación. La consecuencia de ese estado de cosas es que la información de cine se reduce a críticas y a datos que se repiten de forma tediosa en todos los medios de comunicación a la vez, pero es raro, en cambio, que se interpreten.

Lo dicho afecta también al grupo de periodistas españoles residentes en California que trabajan como independientes y que tocan, entre otros, temas de cine. Los hechos demuestran, como comprobará el lector en las páginas siguientes, que la gran dificultad para acceder a las estrellas y a la información en Hollywood no es un problema de vivir más o menos cerca de los Estudios y que la opinión, justa o no, que se tiene allí de los miembros de la prensa extranjera no es siempre buena.

No hay que olvidar, tampoco, que las publicaciones periódicas importantes de Estados Unidos llegan a España con regularidad. Además, la prensa española y extranjera (inglesa, francesa, italiana, alemana, etc.) de venta en nuestro país, reproduce muchos textos de publicaciones estadounidenses que no se venden en España. Por si fuera poco, la red Internet, cada vez más utilizada por los Estudios para difundir sus novedades, ha eliminado las distancias de espacio y tiempo en la información.

Para poder analizar hechos, lo primero, hace falta ver cuantas más películas mejor. No sólo para hacer crítica, sino para establecer tendencias y trayectorias profesionales de artistas y técnicos. Estar al día de la actividad cinematográfica y de los sucesos de la industria y, por último, aunque suene a sacrilegio para los críticos puristas, seguir los sucesos de la vida personal de las distintas estrellas.

Sólo así se puede comprender por qué hay tantos actores y actrices que en lugar de tener hijos los adoptan; que si se inauguran cada vez más minicines en España es porque los intereses comerciales de Hollywood así lo demandan para rentabilizar mejor sus películas, y que si una película cambia su título en España, con respecto al original, no es por capricho de la distribuidora local, sino porque así se ordena directamente desde la casa madre en Los Ángeles.

En este libro el lector no encontrará apenas opiniones críticas de su autor, eso corresponde a los espectadores. Pero lo que sí hay son los elementos objetivos necesarios para comprender el fenómeno cinematográfico en Hollywood, analizado desde sus facetas industrial y de espectáculo. La información, muy divertida y curiosa, la pone el autor, las conclusiones son competencia exclusiva del lector, lo mismo que cuando se embarca en la aventura fantástica de ver una película.

En el texto se han omitido, adrede, todos los términos ingleses, tipo *buddy movie, sleeper, miscasting, trade paper...*, que no añaden sino confusión y sólo sirven para darse importancia el que los utiliza. Así, en lugar de *fan* se ha preferido admirador. Alguna vez se menciona algún término más conocido, pero sólo para introducir al lector su equivalente español. Caso de *remake* o nueva versión y *trailer* o avance de estreno. No se usan para nada términos como «oscarizado», para indicar que se ha ganado un Oscar.

Las películas llevan su año de estreno, entre paréntesis, la primera vez que se citan en cada capítulo y cada uno de éstos está pensado para que se pueda leer y tenga sentido con independencia del resto. Para hacer más asequible el texto, las películas que se citan son de plena actualidad o tan famosas que es difícil que cualquier lector no las conozca.

En los libros de cine tradicionales, lo habitual es extenderse mucho en el pasado que casi todo el mundo conoce y sobre el que hay ya multitud de información, mientras que la época actual se resuelve de forma breve. En este texto se ha hecho justo lo contrario. El grueso de la información es de plena actualidad y todas las referencias a hechos antiguos se hacen para comprender los sucesos presentes.

Siempre que ha sido posible, se han hecho referencias a la presencia española en Hollywood. En especial, se reivindica la figura del escritor Vicente Blasco Ibáñez, cuyas obras fueron la rampa de lanzamiento al estrellato de figuras de la talla de Rodolfo Valentino, Greta Garbo y Rita Hayworth. Sin embargo, al ser el enfoque del libro del presente al pasado, y no a la inversa, no se agota el tema, sobre el que, además, ya hay excelentes estudios en el mercado editorial español.

Es posible que alguien eche en falta anécdotas muy famosas de algún actor o películas importantes pero poco conocidas. Ha sido a propósito porque no se ha querido repetir por enésima vez lo que es del dominio público o entrar en sutilezas de cinéfilo. La única pretensión es narrar cómo funciona, y ha funcionado, el juego del cine, dentro y fuera de la mansiones y hasta de las camas de la gente de Hollywood.

JUAN PANDO
Leytonstone (Londres), enero de 1997

El autor agradecerá cualquier sugerencia que puedan dirigirle los lectores al Apartado de Correos 14.408/28080 Madrid

1

HA NACIDO UNA ESTRELLA

(Cómo se crea un ídolo)

DE acuerdo con consejo de Spencer Tracy, considerado uno de los mejores actores de todos los tiempos, interpretar es sencillo: «Consiste en saberse el papel y no tropezar con los muebles.» Lo de llegar a ser una estrella ya es un poco más complicado. Las víctimas de los muchos intentos por dar con la fórmula del éxito se suman por miles en la historia de Hollywood, pero aún nadie ha logrado saber de qué está hecha una estrella.

El magnate de la prensa William R. Hearst, retratado por Orson Welles en *Ciudadano Kane* (1941), puso su inmenso capital y su imperio de medios de comunicación comandado por la influyente comadre Louella Parsons, al servicio de la carrera de su joven amante, Marion Davis. Llegó a crear un estudio, el Cosmopolitan, para producir sus películas; pero el hombre que había logrado desencadenar la guerra entre España y Estados Unidos, en 1898, no pudo convertirla en una estrella.

«Dios hace a las estrellas y los productores las descubrimos», proclamaba Samuel Goldwyn, uno de los forjadores de Hollywood y descubridor de figuras como Gary Cooper, Lucille Ball, David Niven y Susan Hayward. Sin embargo, él mismo, que se pasó años tratando de sacar adelante la carrera de su protegida Anna Sten, llegó a la conclusión de que «los productores no pueden fabricar a las estrellas. Dios las hace y el público reconoce Su obra».

La clave está pues en un monstruo, con millones de ojos y gustos imprevisibles, llamado público. Las estrellas lo han sabido siempre. John Wayne, el americano más famoso en el mundo tras el presidente Lincoln, confesaba: «A nadie le gusta como actúo, salvo al público.» Su carisma se mantiene aún hoy y según las encuestas de popularidad, en noviembre de 1995, seguía siendo el actor preferido del público americano, por encima de Tom Hanks, Tom Cruise y Clint Eastwood.

El patético quiebro de la carrera de Elizabeth Berkley, tras el desastre de *Showgirls* (1995), muestra lo imprevisible que es el fenómeno. Cuando la eligieron para la película era una actriz casi desconocida de veintidós años, que sólo había hecho la teleserie *Salvados por la campana* (1989-93). Sin embargo, como el filme estaba escrito por Joe Eszterhas y dirigido por Paul Verhoeven, creadores de *Instinto básico* (1992), nadie dudó que Elizabeth iba a ser la nueva Sharon Stone.

En cuanto ganó el papel, sin haber hecho otra película antes, fichó por la Creative Artists Agency (CAA), la agencia de representantes más poderosa de Hollywood, que tres años antes la había rechazado como cliente. Su suerte se torció cuando el filme fracasó estrepitosamente en taquilla. Todos la culparon a ella del fiasco y no al director o al guionista. La CAA se desentendió de su carrera y en pocos días era una apestada con la que nadie quería tener relación.

Por definición, una estrella es alguien que llena los cines sólo con su nombre, así que el peor castigo para un actor es que le califiquen de «veneno para la taquilla». Si una de las características de la profesión es la dificultad para encontrar trabajo de forma continuada, basta que se dude del atractivo que un intérprete ejerce sobre el público para convertir su vida en un infierno.

Una vez que se apagan los focos, la profesión de actor no es demasiado envidiable. Cuando comienzan su carrera, malviven alternando la interpretación con toda clase de trabajos ajenos al mundo del arte. Luego, los que tienen suerte, logran hacer un medio de vida estable de su vocación creativa, pero, en su mayoría, como actores de reparto, mal llamados secundarios. Sólo unos pocos, las estrellas, alcanzan la fama y fortuna soñadas por todos.

La paradoja perversa del oficio es que resulta muy difícil alcanzar la cumbre, pero muy fácil caer desde ella. Esto lo sabe cualquier actor. Así que los principiantes fantasean todo el tiempo con el triunfo, mientras las estrellas viven acosadas por el temor al fracaso. Lo peor es que su suerte no depende al final de ellos, sino de una larga cadena de eventualidades controladas por directores, productores y representantes.

«Sólo soy —admitía Clark Gable— un paleto de Ohio que tuvo la fortuna de encontrarse en el sitio justo en el momento adecuado.» Su historia parece sacada de una película. Trabajaba reparando teléfonos cuando se estropeó el de la profesora de interpretación Josephine Dillon. Se enamoraron, se casaron y ella le lanzó a la fama. A Rock Hudson le pasó algo parecido. Le descubrió el representante Henry Wilson, porque Hudson, que era cartero, llevaba la correspondencia a su oficina.

Casos semejantes a los de Gable y Hudson se repiten desde los origenes del cine. En 1936, Lana Turner fue descubierta por un cazatalentos cuando era una colegiala de quince años que bebía un refresco en un bar. En 1990, Edward Furlong tenía trece años y estaba a la puerta de un club juvenil cuando se le acercó la directora de reparto Mali Finn y le ofreció el papel de *Terminator 2, el juicio final* (1991), que cambió su vida.

La lista de estrellas que no empezaron haciendo teatro o televisión sino como extras, incluye a Rodolfo Valentino, Jean Harlow, Harold Lloyd, Marlene Dietrich, Gary Cooper, Paulette Goddard, David Niven y Marilyn Monroe. Entre los famosos que se ganaban la vida de otra forma antes de triunfar, Harrison Ford fue carpintero; Jerry Lewis, botones; Charles Bronson, minero; Michelle Pfeiffer, cajera de supermercado; Sean Connery enceraba ataúdes, y Sylvester Stallone cuidaba leones.

Hay más oportunidades de destacar y de dar el gran salto cuando se está entre los actores de reparto, de carácter o secundarios, así llamados por secundar en su trabajo a las estrellas, no porque su labor, imprescindible, sea de segunda categoría. Una de las cosas que más asusta a un actor es verse ensombrecido por el brillo de la interpretación de un colega. O sea, enfrentarse a lo que se llama un robaplanos.

Imposible olvidar a Jackie Gleason, el gordo de Minnesota en *El buscavidas* (1961); a Tommy Lee Jones, el policía tenaz de *El fugitivo* (1993); a Tony Randall, el heredero inseguro de *Pijama para dos* (1961); a Rossie O'Donnell, la gordita de *Algo para recordar* (1993), o a Claude Rains, el gendarme amigo de Humphrey Bogart en *Casablanca* (1942), entre decenas de actores excepcionales que saben cómo atraer la atención del público, distrayéndola del protagonista.

Las estrellas tienen sus medios de evitar que les hagan sombra. Joan Crawford se sintió tan amenazada por Mercedes McCambridge en *Johnny Guitar* (1954) que, durante el rodaje, rompió el vestuario de su rival y después conspiró varios años para que no le diesen trabajo. Charles Chaplin quitó en el montaje de *Candilejas* (1952) lo mejor de Buster Keaton y Sylvester Stallone, al acabar *El especialis-*

ta (1994), añadió escenas suyas no previstas para neutralizar a James Woods.

Hay otros medios más legítimos y no menos originales de promocionarse. El desconocido Zack Norman puso durante años un anuncio con su foto en la revista profesional *Variety* con el que consiguió pequeños papeles en *Ragtime* (1981) y *Tras el corazón verde* (1983). La aspirante Marina Lutz, desesperada, llegó a recoger cientos de firmas, en 1990, en apoyo de su solicitud de un papel en una película que nunca se hizo.

Grandes estrellas o actores modestos, todos necesitan de promoción. En 1949, Bette Davis dejó de estar bajo contrato de la Warner y afrontó un terrible bache profesional. En uno de sus famosos arranques, puso un anuncio con su foto en *The New York Times* que hizo historia: «Actriz divorciada, madre de tres hijos, con treinta años de experiencia en el cine, aún en activo y más amable de lo que se rumorea, solicita empleo estable en Hollywood. Referencia: Bette Davis.»

Gracias a su osadía, le ofrecieron el papel de Margot Channing en *Eva al desnudo* (1950), que devolvió su carrera a la cumbre y le valió la octava de sus diez nominaciones al Oscar, de las que dos ganó el galardón. En el oficio de actor, ni siquiera los premios garantizan el futuro, pero ella, con su valor habitual, recordó a los magnates de la industria que no son ellos, sino el público, el que se reserva siempre la última palabra. Es así, desde que nació el séptimo arte.

Aunque hoy resulta difícil de imaginar, hasta 1910 no se sabía el nombre de las personas que salían en la pantalla. Así que los espectadores los identificaban por las productoras de las películas que protagonizaban o por alguna característica física de sus personajes. A la actriz Gene Gauntier se la conocía como la «chica Kalem» y a Florence Turner, como «la chica Vitagraph». El actor de *westerns* Gilbert M. Anderson era «Bronco Billy» y Mary Pickford, «la pequeña María».

Tal anonimato no era casual, con él los primitivos estudios pretendían mantener bajos los costes de realización. Pero la presión del público por conocer los nombres de sus intérpretes preferidos era cada vez más fuerte. Las cartas de admiradores curiosos se amontonaban en las productoras, y el personal de los cines se veía sometido a preguntas sin fin de los espectadores que ellos tampoco sabían contestar.

Los exhibidores, propietarios de las salas, se dieron cuenta de que las películas en las que salían determinados actores eran las que más entradas vendían. Los cines pedían a las productoras, cada vez con más insistencia, nuevas aventuras de esos héroes anónimos y chicas desvalidas, sin nombre, que despertaban el interés del público y les reportaban tan sustanciosas recaudaciones. Pero los estudios mantenían su silencio para no pagar más a sus actores.

El proceso era imparable y Carl Laemmle, fundador de la Universal y comerciante nato, se propuso rentabilizarlo, para lo que contrató a la atractiva Florence Lawrence, que aún era conocida como «la chica Biograph» a causa del estudio en el que había comenzado su carrera. El resto lo hizo, como siempre, la prensa y un escándalo oportuno: la falsa noticia de su muerte en un accidente de tranvía. El dato, filtrado por Laemmle, despertó de inmediato la atención popular.

Al astuto productor le faltó tiempo para desmentir el suceso y acusar a la Biograph, su competencia, de haber difundido la falsa noticia. Aprovechó la ocasión, claro, para informar al público de que el nombre de la llamada «chica Biograph» era, en realidad, Florence Lawrence, que trabajaba en exclusiva para él, y que para demostrar que seguía viva iba a asistir en persona al estreno de su próxima película, en San Luis, ciudad en la que había tenido el supuesto accidente.

La llegada de la nueva estrella a la ciudad convocó a una multitud mucho mayor que la que había recibido, sólo unos días antes, al por entonces presidente de los Estados Unidos, William Howard Taft. Para cuando la actriz logró aparecer en la sala de cine, ya había sido víctima de la histeria de los primeros admiradores de la historia, tenía el vestido destrozado por completo y estaba a punto de sufrir un ataque de nervios.

Había nacido el *star system* o sistema de estrellas, una aportación genuinamente americana al séptimo arte y la columna vertebral sobre la que se sostiene el lugar de privilegio que ocupa su industria.

Sin ninguna otra clase de ídolos, de la canción, la radio o la televisión, que pudieran eclipsar su brillo, es imposible apreciar, desde la perspectiva actual, el grado de influencia y popularidad que llegaron a tener estas primeras luminarias del cine, hoy olvidadas por completo.

Sus sueldos alcanzaron niveles astronómicos y tanto en sus actitudes como en sus formas de vida se comportaban como dioses. Capitalizaban en sus personas todos los sueños y fantasías de una masa, necesitada de ilusiones, que reflejó magistralmente Woody Allen en *La rosa púrpura de El Cairo* (1985). Cuanto más se alejaban de la existencia cotidiana del resto de los mortales, mayor era su atractivo a los ojos de una audiencia incondicional que les idolatraba.

Gloria Swanson fue «la segunda mujer de Hollywood que ganó un millón de dólares, pero la primera que se lo gastó». El vaquero Tom Mix instaló en su casa una fuente de la que manaba agua de varios colores. Buster Keaton tenía veinte coches en uso. Clara Bow pintó el suyo para que conjuntara con su pelo pelirrojo, y se paseaba en él con dos perros teñidos del mismo tono. Ramón Novarro pedía a las visitas que se vistiesen de blanco, negro y plata para hacer juego con la decoración de su mansión.

A la vez que el sistema de estrellas, las productoras pioneras de Hollywood dieron lugar a los grandes estudios o *majors*, que constituyen el otro gran pilar de la industria americana del cine. Durante décadas, los que trabajaron en Hollywood lo hacían como simples empleados de las productoras por el llamado sistema de estudios. Sin embargo, desde finales de los años cuarenta, perdieron influencia y los profesionales del cine se fueron haciendo autónomos, como ocurre hoy.

El momento de mayor poder de los estudios coincidió con el inicio del cine hablado, al final de los años veinte. La nueva técnica fue su instrumento ideal para depurar a las estrellas, por completo fuera de control, y reducirlas a una situación de esclavitud con cadenas de oro. Algunas perecieron realmente a causa del sonoro, pero también es cierto que otras muchas cayeron por no someterse al nuevo régimen o porque ya no resultaban adecuadas a los intereses de los productores.

La situación de un actor del Hollywood dorado bajo contrato de un estudio era similar, en su funcionamiento, a la de un futbolista actual cuando ficha por un club de fútbol. Los contratos tenían una duración media de siete años, en los que se preveían mejoras salariales periódicas. Cada estudio forjaba sus estrellas a la medida de sus propias necesidades a lo largo de un complejo y penoso proceso de aprendizaje.

Los productores controlaban en sus contratos hasta el menor aspecto de la vida de sus estrellas. Joan Crawford tenía una hora de irse a la cama, Maurice Chevalier no podía perder su acento francés, a Clara Bow no le estaba permitido casarse, a Johnny Weissmuller le descontaban el sueldo si engordaba y Buster Keaton no podía reírse en pantalla. Se llevaba la cuenta, incluso, de los períodos menstruales de las actrices para tenerlos presentes a la hora de ajustar los planes de rodaje.

Lo que no estaba previsto era que los interesados tomaran parte en las decisiones artísticas de sus carreras. Salvo en nimiedades, como el derecho a elegir los sombreros de sus personajes, reconocido por contrato a James Stewart. Si alguno se negaba a hacer una película que no le gustaba, el estudio suspendía el contrato y, hasta los años cuarenta, ese tiempo se sumaba al de su duración inicial. Tampoco era infrecuente que las productoras se prestaran entre ellas a sus astros.

La creación de una estrella, tanto entonces como ahora, exige modelar al actor para que dé una imagen concreta que se ajuste a un tipo de personaje o género de cine. Por ejemplo, rebelde, ingenua, villano, rubia explosiva, psicópata o héroe de acción. La cotización de cada tipo varía según las épocas. Además, hay estrellas camaleónicas, como Robert De Niro, a las que les gusta cambiar de tipo; frente a otras cuyo atractivo reside en ser siempre fieles a un tipo, como Clint Eastwood.

La exquisita diva del cine mudo Lilian Gish, musa del director David W. Griffith, se retiró con la aparición del cine hablado porque su imagen etérea de heroína romántica quedó trasnochada. La siempre optimista Doris Day, la actriz más taquillera hasta que apareció Julia Roberts, simbolizaba de forma tan clara los valores de los cincuenta que no pudo adaptarse a la nueva mentalidad surgida en los años sesenta.

La insólita ascensión a la fama de Alicia Silverston preludia una forma nueva de crear estrellas en los noventa. Surgió casi de la nada. Algo de publicidad, televisión y una película olvidada, *Veneno en la piel* (1993). Todo cambió al salir en tres vídeos musicales del grupo Aerosmith. La cadena de televisión MTV los programó sin parar y millones de adolescentes se enamoraron de ella, lo que le convirtió en la primera estrella de cine con público, pero sin películas.

El resto del camino lo ha hecho ayudada por Marci Liroff, la representante que lanzó a Drew Barrymore cuando era niña. Su primera película importante, *Fuera de onda,* se estrenó en América en el verano de 1995 y fue un gran éxito. Así que, sin tener veinte años de edad, ha firmado un acuerdo con Columbia de 10 millones de dólares por dos películas, y Warner la ha escogido como próxima chica Batman en *Batman and Robin* (1997), la cuarta entrega de la saga. Mejor no le ha podido salir.

El elemento fundamental de la imagen de una estrella, a la vez que su instrumento básico de trabajo, es el cuerpo. Su importancia ha aumentado, si cabe, en la época actual, porque los temas y géneros de más éxito en taquilla, sexo, violencia y acción, no exigen grandes dotes interpretativas, pero sí una buena presencia física. Ayer y hoy, el cuerpo de las estrellas se ha moldeado como el barro para aproximarlo a la perfección.

En el pasado, Marlene Dietrich se quitó las muelas para resaltar los pómulos y Marilyn Monroe se retocó la nariz. En el presente, Michael Douglas se ha estirado la papada; Jane Fonda, la cara, los ojos y el pecho; Paul Newman y Mickey Rourke, la cara; Nicolas Cage y Sissy Spacek se han arreglado la nariz; Burt Reynolds, la mandíbula; Michael Keaton se injertó pelo; Barbara Hershey se aumentó los labios, y Sylvester Stallone se quitó los michelines.

Frente a los casos de Dolly Parton, Cher y Bo Derek que han remodelado su cuerpo en el quirófano, otras estrellas se manifiestan contra la cirugía estética. Barbra Streisand dice que le asusta tanto que ni siquiera tiene perforadas las orejas. Jessica Lange confiesa que a veces le ha tentado, pero nunca se ha decidido. A Meryl Streep sus arrugas le resultan «excitantes» y Cybill Shepherd asegura que su hija le aconsejó no hacerlo. Robert Redford es otro enemigo de la cirugía.

A lo largo de los años muchas estrellas han escamoteado con ingenio sus problemas físicos al público. Peter Falk tiene el ojo derecho de cristal; Lana Turner se afeitó las cejas para una película y no le crecieron más; Marlon Brando se rompió la nariz en un rodaje y nunca se la arregló; John Wayne usaba peluquín, como Sean Connery y Burt Reynolds, que además lleva alzas; Judy Garland adhería un puente de látex a su nariz chata, y Daryl Hannah tiene un dedo de la mano sin una falange.

Tampoco han faltado actores sin complejos. Clark Gable bromeaba con sus orejas a lo Dumbo y el cómico de cine mudo Ben Turpin llegó a asegurar su ojos bizcos, lo mismo que Jimmy Durante su inmensa nariz. Jane Seymour tiene un ojo marrón y otro verde. Harrison Ford presume de cicatriz en la barbilla. Danny De Vito es una estrella y sólo mide 1,52 metros mientras que Dudley Moore, con 1,56, es un galán que ha formado pareja con «sex symbols» del calibre de Bo Derek y Natassja Kinski.

Cualquier papel está pues a la altura de una estrella. Lo difícil para un actor es lograr esa primera oportunidad de demostrar su talla estelar. Burt Reynolds y Clint Eastwood, grandes amigos, fueron rechazados a la vez en la Universal. A Reynolds le dijeron que no sabía actuar. A Eastwood, que tenía la nuez demasiado pronunciada para hacer carrera en el cine. «Al menos —le dijo Reynolds a Eastwood—, yo puedo aprender a interpretar, pero no sé qué vas a hacer tú.»

No hay límites cuando un actor lucha por un papel, sobre todo si es el primero. La manera más humillante de lograrlo es por medio de favores sexuales, una práctica muy habitual en el Hollywood dorado. En inglés, se llama *casting couch,* literalmente «el sofá de reparto», en alusión al que había siempre en el despacho de todo personaje del cine con poder, real o figurado. En él, la o el aspirante pasaba su prueba.

Algunas de las más grandes estrellas forjaron su futuro sobre sus muelles. Cuando aún era desconocida, Joan Crawford rodó, incluso, un corto pornográfico mudo, titulado *The casting couch* (h. 1924), en el que, aparte de salir desnuda, se revelaba en toda su crudeza cómo funcionaba el sistema. El genial director Ernest Lubitsch, el rey de la alta comedia, era muy aficionado a ese tipo de prueba y murió de un ataque cardiaco en el sofá de su oficina practicándolo con una aspirante.

Marilyn Monroe, al salir del despacho en el que firmó su primer contrato proclamó: «Ésta ha sido la última polla que chupo», pero se equivocó. Tan notoria era su especialidad sexual que ella misma confesaba que sus primeros años en Hollywood los pasó de rodillas y la revista *Confidential,* en uno de sus famosos titulares, proclamaba: «¿Cuál es la mejor máquina de bombear en Hollywood? M–M–M–Marilyn M–M–M–Monroe.»

Sin llegar tan lejos, hacer el reparto de papeles de la mítica *Lo que el viento se llevó* (1939), duró meses y se sometió a pruebas a todas las estrellas del momento. Eso da una idea de lo difícil que puede llegar a ser para un actor hacerse con el papel soñado. Mariel Hemingway, sin ir más lejos, aumentó el tamaño del pecho, único obstáculo que le pusieron los productores para protagonizar *Star 80* (1983).

La lucha por los papeles protagonistas de *Los puentes de Madison* (1995), que narra un amor otoñal secreto entre una ama de casa y un fotógrafo de viajes, hizo de Hollywood un campo de batalla. La lucha feroz se desató al saberse que Steven Spielberg había comprado los derechos del libro en el que se basa la película. Para el galán, compitieron

Robert Redford, Michael Douglas y Harrison Ford. Al final, fue Clint Eastwood el que se quedó con el papel, además de dirigir el filme.

La búsqueda para cubrir el personaje femenino, de origen italiano en la ficción, abarcó todo el mundo. En Hollywood, optaron a él Anjelica Huston, Mary McDonnell, Susan Sarandon, Mercedes Ruelh, Cher y Michelle Pfeiffer. Todas ganadoras o nominadas al Oscar. En el extranjero, la italiana Isabella Rossellini, la brasileña Sonia Braga y las suecas Lena Olin y Pernilla August. También luchó por el papel Kate Capshaw, la mujer de Spielberg, pero al final se lo llevó Meryl Streep.

Una de las comidillas del Hollywood de los noventa fue cómo le robó Harrison Ford a Alec Baldwin el personaje del ex agente de la CIA Jack Ryan. El primero en encarnarlo fue Alec Baldwyn en *La caza del Octubre Rojo* (1990) y la Paramount quería que el actor protagonizase las tres secuelas previstas de las aventuras del personaje, creado por el novelista Tom Clancy. Pero nadie contaba con que Harrison Ford se había encaprichado con el papel y sus posibilidades.

Por entonces, verano de 1991, Ford iba a trabajar en un proyecto de la Paramount, pero al final falló. Así que el actor hizo saber que estaba libre e interesado en hacer un filme de acción. En Paramount, de improviso, se alteró la fecha para rodar *Juego de patriotas* (1992), la película ofrecida a Baldwin. Lo curioso es que el nuevo plan de rodaje coincidía, casualmente, con los días que Baldwin estaba ya comprometido para hacer teatro en Nueva York. La suerte estaba echada.

El afán de las estrellas por el éxito les lleva a veces a papeles muy alejados de su tipo. El personaje de Jack Ryan, según Tom Clancy, su autor, tiene, como mínimo, quince años menos que Harrison Ford. Más curioso es ver cómo *Poderosa Afrodita* (1995) presenta a Woody Allen, con sesenta años, casado con Helena Bonham Carter, a la que dobla en edad. No salió mejor parado Mel Gibson, tan poco ajustado a su personaje en *Braveheart* (1995) que rozaba el ridículo.

Ofrecer una imagen creíble para el público no es siempre fácil. Exige sacrificios de todo tipo. Robert De Niro engordó para *Toro salvaje* (1980), Ben Kingsley adelgazó para *Gandhi* (1982) y Tom Hanks para *Philadelphia* (1993); Jim Carrey se quitó un empaste para estar mellado en *Dos tontos muy tontos* (1994), y Woody Harrelson se afeitó por completo la cabeza para *Asesinos natos* (1994). Todos buscaban y recibieron la admiración del público.

El dilema de los actores es angustioso. Si no aciertan con un personaje, fracasan. Si se identifican mucho con él, les encasillan. Sean Connery alcanzó la fama como el agente 007 y si no lo deja a tiempo, el público no le hubiera aceptado ya de otra forma. En televisión, es peor, «¿quién se creería a Peter Falk en otro papel que el de teniente Colombo?». Más triste, «¿quién recuerda que Peter Falk tiene dos nominaciones al Oscar, anteriores a la teleserie?».

F. Murray Abraham, el Salieri de *Amadeus* (1984), vivió años víctima de su personaje. «Siempre te ofrecen el mismo papel por el que ganaste el Oscar —se lamenta—, y cada vez que te quejas, en lugar de cambiar el guión te ofrecen más dinero.» De distinta opinión era Andy García cuando se dio a conocer con tres papeles seguidos de policía honesto: «Espero que me encasillen —respondía—. Me he pasado siete años sin trabajo y tengo dos hijos que criar.»

Sólo unos pocos tienen la habilidad y la suerte de poder modificar su imagen sin perder el favor del público. Ha sido el caso, muy rápido pero sin traumas, de Tom Hanks. De rey de la comedia bobalicona con *Un, dos, tres... Splash* (1984), *Despedida de soltero* (1984) y *Big* (1988), ha evolucionado a los papeles dramáticos de *Philadelphia* (1993), *Forrest Gump* (1994) y *Apollo XIII* (1995). De payaso del cine ha pasado a ser el símbolo de los valores morales de Estados Unidos.

La última tragedia de las estrellas es el paso del tiempo. A los médicos, arquitectos o abogados se les respeta con la edad, a las viejas glorias de la pantalla se les arrincona o se les envía al cementerio de elefantes que es la televisión. En teleseries se ha extinguido el brillo de Barbara Stanwyck *(El pájaro espino, Los Colby)*, Ann Baxter *(Hotel)*, Jane Wyman *(Falcon Crest)*, Angela Lansbury *(Se ha escrito un crimen)* y Rock Hudson *(Dinastía)*.

A los que no lo aceptan, se les humilla. Antes de darle el papel de patriarca mafioso en *El especialista*

(1994), un productor le preguntó a Rod Steiger que si sabía hablar con acento del Sur. «Gané un Oscar por el sheriff sureño de *En el calor de la noche* (1967)», contestó el actor. Otro productor se negó a contar con Shelley Winters en *Despertares* (1990) si no se ganaba el papel. La actriz llegó con un bolso enorme. Sacó un Oscar de él y lo puso a su lado. Luego, sacó otro y dijo: «Hay gente que cree que sé actuar, ¿aún desean hacerme la prueba?» No le dieron el papel.

2

EL COLOR DEL DINERO

(Los sueldos de las estrellas y cómo se los gastan)

LAS estrellas de cine ganan más que los narcotraficantes, en menos tiempo, con menos riesgo y levantando admiración, pero a ellos no les basta y exigen cada día más. «Yo pido el dinero que quiero y ellos me lo dan, así de simple», explica Harrison Ford. El actor, que conoció tarde la fama al protagonizar *La guerra de las galaxias* (1977) con treinta y cinco años, cuando aún tenía que alternar el cine con su trabajo de carpintero, es hoy uno de los hombres más cotizados e influyentes de Hollywood.

Ford cobró 15 millones de dólares por *Sabrina y sus amores* (1995), gana de media por filme 30 millones, entre sueldo y porcentaje de taquilla, y sus ingresos entre 1994 y 1995 llegaron a los 46 millones de dólares, lo que le situó, según la revista de economía *Forbes,* en el lugar 14 entre los personajes más ricos del espectáculo, por encima de los autores Stephen King (lugar 15) y Michael Chrichton

(20), el músico Elton John (24) y el actor Arnold Schwarzenegger (27).

La revista británica *Empire,* con esa amenidad y humor que es tan habitual en la prensa de cine anglosajona y que tanto se echa en falta en la española, les jugó una travesura a las estrellas de Hollywood para comprobar hasta dónde son capaces de llegar por unas monedas. En 1992 escribieron a veinte de ellos pidiéndoles una foto firmada e incluyendo en el sobre un cheque de 10 dólares para cubrir los gastos y molestias.

Semanas después llegaron fotos firmadas, junto con el cheque, de Kevin Costner, Robert De Niro, Bruce Willis, Arnold Schwarzenegger y Robin Williams. Otras trece estrellas, como Tom Cruise, Julia Roberts, Harrison Ford y Michelle Pfeiffer no contestaron ni devolvieron el cheque. Mel Gibson devolvió el cheque sin autógrafo y Patrick Swayze envió la foto y... cobró el cheque. Puestos al habla con su oficina, aseguraron que los 10 dólares se habían donado a beneficencia.

Los sueldos de los actores no son precisamente ninguna caridad y crecen sin parar desde hace años, lo que hace muy difícil dar una lista de cuánto cobra cada uno sin que se quede desfasada casi al momento de publicarse. Resulta mucho más eficaz analizar por qué se les pagan esas cantidades enormes por su trabajo, cómo se dispara el salario de un actor de una película a otra y la evolución, a lo largo del tiempo, de los ingresos de las estrellas y su participación en beneficios.

La clave para entender por qué a unos actores se les paga mucho más que a otros reside en su atractivo para la taquilla. Las películas se hacen con créditos y eso significa que a los productores no les basta sólo con ganar dinero, sino que lo ideal es recuperar su inversión lo antes posible para poder cancelar los créditos, dejar de satisfacer intereses y tener liquidez otra vez para poner en marcha nuevos proyectos.

Dos son los factores que cotizan al alza a un intérprete. Su fuerza en taquilla para recaudar muchos millones el primer fin de semana que se estrena la película en Estados Unidos y su atractivo para el público en los mercados extranjeros. Los mejor pagados son los que funcionan bien dentro y fuera del país. Aunque también hay estrellas no exportables, como los cómicos tipo Rodney Dangerfield y Chevy Chase, e ídolos que se mantienen gracias a la taquilla exterior, como Woody Allen.

Los gustos del público, cambiantes con las épocas y los países, son, en definitiva, los que marcan los sueldos. No es lo mismo dedicarse al cine de acción que trapasa fronteras sin dificultad que hacer comedias, cuya exportación depende mucho del sentido del humor de cada cultura. Por eso Mel Gibson y Bruce Willis se mantienen en alza durante años, mientras que los especialistas en comedia, tipo Eddie Murphy, tienen un período de esplendor mucho más breve.

La paradoja, desvelada por la revista especializada *Variety* en 1993, es que hasta esa fecha, la estrella que más recaudaba el primer fin de semana era Eddie Murphy, seguido por Arnold Schwarzenegger, considerado siempre el máximo rompetaquillas. «Los actores sólo podemos cebar la taquilla —aclaraba el cómico al saber el resultado—, pero no se nos debe culpar si la película es un fracaso, porque son los estudios los que compran el guión, lo ponen en marcha y lo venden.»

En la franja de los actores mejor pagados hay nombres que se mantienen a lo largo de los años, como Bruce Willis, Mel Gibson, Arnold Schwarzenegger, Tom Cruise, Harrison Ford y Sylvester Stallone, que en 1995 se colocó en primer lugar al firmar con la Universal un contrato de 60 millones de dólares por hacer tres películas, lo que supone 20 millones por cada una, más, claro, el habitual porcentaje de los beneficios.

Junto a ellos, hay otros nombres que fluctúan según los momentos, como Michael Douglas, Tom Hanks, Eddie Murphy, Kevin Costner y Jim Carrey. Este último es un buen ejemplo de cómo se dispara el sueldo de un actor con el éxito. A los dos años de saltar a la fama con *Ace Ventura, un detective diferente* (1994), su cotización pasó de los 350.000 dólares que había cobrado por esa película, a los 20 millones de dólares por protagonizar *Un loco a domicilio* (1996).

Lo llamativo de las cifras no debe llevar a engaño. Tan importante como la cantidad que se cobra es el tiempo que hay que trabajar para conseguirla. Jack Nicholson se embolsó 50 millones de dólares, sueldo más porcentaje, por su papel de villano en

Batman (1989), en realidad, una colaboración estelar. Marlon Brando, un especialista en la materia, ganó 3,5 millones de dólares por 20 minutos en *Superman* (1978) que no le supuso más que doce días de trabajo.

No menos llamativa es la relación entre el sueldo y el número de palabras que tienen que pronunciar en sus filmes las estrellas de acción. Arnold Schwarzenegger cobró 6 millones de dólares por pronunciar 133 palabras en la versión en inglés de *Terminator* (1984), lo que da una media de 45.000 dólares la palabra. Por *Terminator 2, el juicio final* (1991) cobró 15 millones de dólares, pero como decía 474 palabras, sólo salían a 31.600 dólares, lo que tampoco está nada mal.

El doblaje de dibujos animados y prestar la voz a personajes que no hablan también compensa. Bruce Willis alcanzó los 10 millones de dólares por doblar al bebé de *Mira quién habla* (1989), en la que iba a porcentaje de beneficios. Esa cantidad, que era más de lo que costó hacer toda la película, le reportó a Willis el doble de lo que había cobrado por protagonizar *La jungla de cristal* (1988).

Comparados con esas cantidades, los emolumentos de las actrices han sido durante muchos años relativamente modestos. Para hacerse una idea, cuando el pequeño Macaulay Culkin cobró 8 millones de dólares por *Niño rico* (1994), sólo una actriz en todo Hollywood ganaba más que él, Julia Roberts, que firmó un contrató de 8,5 millones de dólares por *Mary Reilly* (1995), junto a John Malkovich. Los actores mejor pagados de ese momento recibían entre 10 y 15 millones de dólares.

Unos años antes, en 1989, Meryl Streep protagonizó una agria polémica sobre el particular. «Jack Nicholson se ha llevado un sueldo de 11 millones de dólares por *Batman* —clamaba la actriz—. ¡Once millones! Como se recordará, él estuvo conmigo en *Tallo de hierro* (1987) y en *Se acabó el pastel* (1986). Yo además hice la jodida *Memorias de África* (1985), *Kramer contra Kramer* (1979) y *El cazador* (1978). Éste es un juego de hombres y si pidiera 11 millones de dólares, se reirían en mi cara.»

Lo único que consiguió la actriz fue convertirse en el blanco de burlas crueles y que una revista de cine publicase un anuncio, a toda página, ridiculizándola. A primera vista, la imagen recordaba la publicidad sobre especies animales en vías de extinción y llevaba un cupón adjunto con la dirección de su representante. En él se solicitaba un donativo de 72 centavos «en apoyo de la súplica de Meryl y de las mujeres que ella representa en cualquier lugar del mundo».

Esta indudable discriminación se apoya en el hecho incuestionable de que las actrices, salvo contadas excepciones en la historia, carecen del tirón de público que sus colegas varones. Sus películas, por ejemplo las de Meryl Streep, optan a los Oscar y dan prestigio. Por eso las siguen produciendo los estudios, pero no van demasiado bien en taquilla y, desde luego, ni se aproximan a los éxitos de los héroes de acción.

En honor a la verdad, cuando una actriz alcanza un sueldo que se aproxima, un poco, al de los hombres, se lo tiene que ganar el doble que ellos. Por ejemplo, Barbra Streisand, con *El príncipe de las mareas* (1991), fue la primera mujer que ganó en Hollywood 6 millones de dólares. Sólo que a un hombre se los dan por actuar, mientras que ella protagonizó, produjo y dirigió la película, además de cantar la banda sonora.

Se habló mucho en su día, también, del hito que marcó Sigourney Weaver al exigir 5 millones de dólares por *Alien 3* (1992), pero la verdad es que si se los dieron fue porque al ser una secuela, no podían hacerla sin ella. Un caso similar fueron los 7 millones de dólares que obtuvo Whoopi Goldberg por *Sister Act, de vuelta al convento* (1993), continuación de su gran triunfo con *Una monja de cuidado* (1992).

La distancia se acortó aún más con los 12,5 millones de dólares de Demi Moore por *Striptease* (1996). La diferencia con los varones, de nuevo, resulta patente. Mientras que a Tom Cruise, a Clint Eastwood o a Robert Redford se les paga una fortuna porque permanezcan bien vestidos, a la actriz se le da por interpretar a una bailarina sexy que deja bien a la vista sus encantos ante la cámara, lo que para una mujer de treinta y dos años no deja de ser un buen desafío, por muy operada que esté.

Hombres o mujeres, las estrellas siempre ganaron mucho, pero nunca tanto como en la actualidad. Pasada la bonanza del cine mudo, con el sistema de estudios que les mantenía bajo contratos exclusivos de una productora, tenían que conformarse con un sueldo estipulado. «Marlon Brando —se lamentaba el director Billy Wilder— ganó por los veinte minutos en pantalla de *Superman* (1978) y por *Apocalypse Now* (1979) más dinero del que cobró Clark Gable durante sus veinte años en la Metro Goldwyn Mayer.»

Se daban situaciones de locura absoluta. Así, Olivia de Havilland, como estaba bajo contrato con Warner, no pudo cobrar nada por protagonizar *The Well-Groomed Bride* (1946) de la Paramount, que hizo para mantener viva su imagen en la pantalla. Otto Preminger tuvo que pagar a la Columbia 100.000 dólares para contar con Kim Novak en *El hombre del brazo de oro* (1955), pero la actriz siguió cobrando, como si nada, los 100 dólares semanales que marcaba su contrato con el estudio.

Entre las grandes injusticias históricas está el caso de Judy Garland, que fue la que menos cobró de los protagonistas de *El mago de Oz* (1939) y recibió el mismo salario que el perro, Totó. En el extremo opuesto, está Edna Purviance, musa de las películas de Charles Chaplin de 1915 a 1923, incluidas *El chico* (1921) y la magnífica *Una mujer de París* (1923). Aunque se retiró en 1926, Chaplin la mantuvo bajo contrato, pagándole el sueldo íntegro, hasta su muerte, en 1958.

Sylvester Stallone, que hoy tiene un sueldo millonario, asegura que cuando rodó *Black Jackets* (1974, no estrenada en cine en España, pero sí editada en vídeo) sólo recibió como pago veinticinco camisetas. No obstante, la estrella peor pagada que ha existido fue, posiblemente, Robert Taylor. Firmó en 1934 un contrato de 35 dólares semanales con la Metro Goldwyn Mayer y se mantuvo fiel al sistema de estudios durante veinticinco años, más que ninguna otra gran estrella.

James Stewart hizo historia al ser el primer actor que cobró, de forma pública, por *Winchester'73* (1950) una participación en los beneficios de la película. Hoy, todas las grandes estrellas lo hacen. Entre otras razones, porque casi todas tienen su propia productora para cofinanciar sus filmes. La razón no es sólo económica; eso les permite, además, controlar las decisiones creativas que les afectan, como por ejemplo, la elección del guión y del director.

Para la carrera de un actor, sobre todo en Hollywood, el sueldo puede ser una liberación porque le da la posibilidad de elegir, pero también una trampa porque limita su futuro a proyectos que estén a su altura. Cuando los productores de la serie James Bond buscaban a un protagonista para encarnar a su agente 007, se decidieron por Sean Connery, entre otras cosas, porque los otros aspirantes al papel tenían una cotización que excedía con mucho las posibilidades previstas.

Eso es algo que está cambiando. Los actores americanos han aprendido de sus primos ingleses que para mantener una carrera larga y fructífera hay que alternar los sueldos millonarios en películas muy comerciales, con los ingresos discretos en producciones modestas que proporcionan prestigio ante el público y admiración en la crítica. Es lo que se llama en Hollywood trabajar «a escala», o sea, por menos de lo que se deber cobrar de acuerdo a la cotización del momento.

Esta táctica le ha dado muy buenos resultados a Bruce Willis. Los 15 millones de dólares que cobró por *Jungla de cristal. La venganza* (1995), sirvieron para mantener su nivel de vida y para pagar en un año, como él mismo fanfarroneó, «más impuestos que Clinton ha pagado en su vida». En cambio, tras sus apariciones, por sueldos ridículos, en *Pulp Fiction* (1994) y en *Ni un pelo de tonto* (1994), la crítica reconoció que podía hacer algo más que correr con un arma en la mano.

Winona Ryder, Danny Glover, Wesley Snipes y Bridget Fonda son otros intérpretes que alternan grandes producciones con obras de presupuesto reducido. Ésa es la explicación de que un galán en su mejor momento, como Keanu Reeves tras el éxito de *Speed* (1994), película que le consagró como héroe de acción y estrella taquillera, aceptase trabajar en *Un paseo por las nubes* (1995) con la actriz española Aitana Sánchez-Gijón, una completa desconocida en el mercado americano.

El atractivo de la película estaba en el director, el actor mexicano Alfonso Arau, que había conseguido un éxito histórico en Estados Unidos con su anterior película, *Como agua para chocolate* (1992), y que debutaba con ésta en Hollywood. Hay que tener en cuenta, además, que, aunque de bajo presupuesto, era una producción de un gran estudio, la 20th Century Fox, con el que Reeves acababa de hacer *Speed*.

No son sólo los actores las únicas estrellas de la taquilla. Según la revista de economía *Forbes*, entre las cuarenta celebridades más ricas del mundo del espectáculo en Estados Unidos, el primer lugar lo ocupa Steven Spielberg, el director de cine de todos los tiempos que más dinero ha ganado. Entre 1994 y 1995, coincidiendo con los estrenos de *Parque Jurásico* (1993) y *La lista de Schindler* (1993), se embolsó la escalofriante cifra de 285 millones de dólares.

El problema para todos es el mismo, el dinero se va como el agua. «Es cierto —aceptaba William Holden— que cobré 50.000 dólares anuales de beneficios por *El puente sobre el río Kwai* (1957). Dicho así, suena a algo. Hasta que lo distribuyes: un 10 por 100 se lo lleva mi representante, un 20 por 100 va para impuestos y el 50 por 100 de lo que queda es para mi ex esposa. Súmale otras cosas que no se me ocurren ahora y lo que veo yo son unos 5.800 dólares de mi 10 por 100 sobre los beneficios brutos.»

La queja es común. «¿Quiere que hablemos de lo rica que soy? —contestó Whoopi Goldberg a un periodista—. De acuerdo. Déjeme que le diga algo, no tiene ni idea de cuánto se me va de lo que gano. Ni idea.» Ahí acabó la charla. Demi Moore, apodada «Gimme Moore», o sea, «Dame más», llegó al Festival de Deauville, para promocionar *Ghost* (1990), con masajista, guardaespaldas, peluquero, maquillador, modista y secretaria, un equipo por valor de 10.000 dólares semanales, más hotel.

El mayor quebradero de cabeza lo constituyen, cómo no, los impuestos, que se llevan un 40 por 100 de sus ganancias. El fisco vigila cada vez más de cerca el mundo del cine y examina con lupa los trucos más habituales de los famosos para eludir sus obligaciones con Hacienda. Uno es prestar sus servicios como si fueran meros empleados de sus propias productoras, otro es aplicar como deducciones de empresa, gastos suntuarios, como la limusina de lujo para asistir a la noche de los Oscar, el peluquero o el masajista.

Una reclamación rutinaria del fisco destapó uno de los mayores escándalos del Hollywood moderno. En 1976, Hacienda le reclamó al actor Cliff Robertson, ganador del Oscar por *Charlie* (1968), los impuestos que no había pagado por un cheque de 10.000 dólares. Una investigación probó que el talón había sido falsificado por David Begelman, presidente de la Columbia, que perdió su puesto. Sin embargo, Robertson pasó años sin que ningún estudio quisiera darle trabajo, como castigo por haber hablado.

Cuando a una estrella le cuesta alcanzar su cotización en Hollywood, siempre le queda refugiarse en el cine europeo, donde su nombre aún vale para dar empaque a producciones que pretenden ofrecer una imagen internacional. Basta coger los anuarios de producción de países como Alemania e Italia para comprobarlo. Ernest Borgnine, que ganó el Oscar por *Marty* (1955), ha sido uno de los habituales de este sistema para sobrevivir.

Los *spaghetti western* que se rodaban en España y en Italia en los años sesenta dieron mucho juego en este sentido, hasta el punto de que atrajeron, incluso, a un Henry Fonda. A otros actores, sin embargo, este mercado europeo les sirvió de trampolín hacia la fama. El caso más claro fue el de Clint Eastwood, que pasó de ser un oscuro actor de televisión a convertirse en una de las grandes estrellas de Hollywood vía Europa. Un camino similar siguió Charles Bronson, otro duro del cine.

Aparte de su arte, las estrellas tienen a su alcance otros medios cómodos de redondear sus ingresos. Cher, Leslie Nielsen, Brooke Shield, Chuck Norris, Bo Derek, Jacqueline Bisset y Lana Turner son algunos de los ejemplos de famosos que cobran o cobraron en algún momento por animar con su brillante presencia fiestas privadas, entregas de premios, festivales de cine devaluados y programas y concursos de televisión en todo el mundo, incluida España.

Los discursos y conferencias son otra fuente saneada de ingresos. En 1992, Bob Hope cobraba 100.000 dólares por charla y no tenía tiempo de cubrir toda la demanda. Ese mismo año, la tarifa de Corbin Bersen, el abogado divorcista de la teleserie *La ley de Los Ángeles* y de George Hamilton era de 20.000 dólares. Aunque por ese precio se podía conseguir también al escritor Stephen King. A estos conferenciantes ilustres se les paga, aparte, el viaje y el alojamiento.

«Siempre he dicho —bromeaba la cáustica Mae West—, mantén un diario, porque algún día te mantendrá él a ti.» Basta echar una ojeada a la fiebre de algunos famosos como Marlon Brando, Tony Curtis y Anthony Quinn por publicar sus memorias para comprender la verdad que encierran las palabras de la diva. Es este afán de las estrellas por sacar partido económico de su vida y no la defensa de su derecho a la intimidad, el que les ha enfrentado, a veces, con la prensa.

Un recurso muy rentable, tanto en lo económico como para promocionarse, es hacer publicidad de productos comerciales. La actriz francesa Catherine Deneuve, que prestó su rostro a los perfumes Chanel, lo reconocía así. «Me han proporcionado más popularidad que cualquier otra película que haya hecho. En Nueva York, me reconocen casi en cada esquina.» Ése es el lado bueno, junto con el sueldo, pero no todos los actores quieren prestarse a ello ni todos son idóneos para hacerlo.

Perfumes, cosméticos, bebidas alcohólicas, automóviles y tabaco son los productos preferidos para que los anuncien actores y actrices, porque crean la ilusión en el consumidor de que un poco de dinero basta para compartir los secretos de la belleza y el éxito de las estrellas. A veces, de lo que se trata es de sacar un producto del anonimato. ¿Quién mejor que Paul Hogan, australiano universal, para recordar al mundo que *Fosters* es la cerveza del país de *Cocodrilo Dundee* (1986)?

Para un empresario, tiene evidentes ventajas que un actor famoso anuncie sus productos. Sobre todo porque al utilizar una cara conocida se asegura una gran espectación pública y mucha publicidad gratuita añadida. Tan insospechada, a veces, como la que le reportó a los cigarrillos *Chesterfield* un anuncio, olvidado hacía años, que había hecho Ronald Reagan muchos antes de que nadie soñara que podría llegar a ser presidente de los Estados Unidos.

Lo que ya no está tan claro es cómo se convence a una estrella para que se deje fotografiar junto a un artículo comercial. El dinero es muy importante, pero no basta para convencer a actores tan poco inclinados a hacer publicidad como Michael Caine, Roger Moore, Sean Connery o Dudley Moore. Los motivos para que acepten son muy variados y van desde el capricho al intento de relanzar carreras en crisis.

Dudley Moore aceptó anunciar los supermercados ingleses *Tesco,* en 1989, tras quince años rechazando ofertas, porque la historia del *spot,* sobre un hombrecillo que corría por un bosque francés tras unos pollos inexistentes, se ajustaba a su imagen. Además, tenía días libres, el rodaje era en París, ciudad a la que quería ir, y el sueldo era bueno. Pero ni por todo el oro del mundo se habría prestado a posar frente al supermercado diciendo algo como: «Yo compro en *Tesco.*»

El inagotable filón de estrellas de Hollywood, con su fama universal, se han convertido en el objeto de la venganza de Estados Unidos contra la invasión de capital japonés que ha sufrido la economía americana. «Puede que ellos tengan la *Toyota,* pero a nosotros nos queda Eddie Murphy», se jactaba una conocida revista californiana. La paradoja comercial es que los nipones invaden el mundo con sus productos, pero los venden con la ayuda de las estrellas de cine americanas.

El precio de su colaboración bien merece la pena una pequeña traición. Hasta varios millones de dólares reciben los más cotizados por unos pocos días de trabajo ligero, ir de compras y hacer turismo de lujo. En esas condiciones no es extraño que Eddie Murphy y Paul Newman diesen su ostentoso visto bueno a los automóviles *Toyota* y *Nissan.* Por su parte, Mickey Rourke y Gene Hackman se refrescaron con brandy *Suntory,* el primero, y con cerveza *Kirin,* el otro.

Georges Lucas aportó toda su solvencia técnica para recomendar cintas de casete *Panasonic,* Sigourney Weaver anunció la *Nippon Steel,* Charlie Sheen sucumbió al calor de la *Tokio Gas,* Woody Allen se dejó seducir por los grades almacenes *Seibu,* el forzudo Arnold Schwarzenegger aumentó su energía comiendo tallarines *Nissin* y su competidor Sylvester Stallone hizo otro tanto gracias a los jamones *Ito.*

La fascinación por los actores americanos llegó también, hace mucho, a España. Desde Kim Basinger, que presumía de sus panties *Golden Lady,* a Lorenzo Lamas, pidiendo guerra desde una cama *Reig Marti.* Pero es el cava *Freixenet* el que más se asocia a las estrellas de Hollywood, con su tradicional anuncio televisivo de Navidad, en el que se ha visto brindar, en un esforzado español, entre otros, a Don

Johnson, Paul Newman, Liza Minnelli, Shirley McLaine, Sharon Stone y Andy MacDowell.

Un inconveniente de trabajar con la imagen de estrellas es que cualquier traspiés puede costar muy caro. Elizabeth Taylor ganó una fuerte indemnización a una marca de confección italiana que manipuló su cara, tomada de *La gata sobre el tejado de zinc* (1958), y la vistió con sus artículos. Daryl Hannah obtuvo también un buen dinero de la *Coca-Cola,* que usó como *spot* televisivo, sin su permiso, una secuencia de su película *Roxanne* (1987), en la que bebía ese refresco.

Cuando un famoso anuncia un producto, se compromete por contrato a fingir que le gusta y que lo consume, aunque no siempre sea verdad. Esa precaución no impide que se den paradojas. Así, James Dean se mató con un coche justo después de hacer una campaña de seguridad vial y Yul Brynner, una de las caras de los cigarrillos *Chesterfield,* dedicó sus últimos días de vida a combatir el tabaco después de haber contraído el cáncer de garganta que acabó con él.

Cuando a los anunciantes les falla todo para vencer la resistencia de la estrella que persiguen, siempre les queda un último recurso, los dobles de los famosos. Llegan a ser tan parecidos a los originales como dos gotas de agua entre sí, sobre todo si se les fotografía desde el ángulo debido. No son lo mismo que contar con el actor de carne y hueso, pero sus sueldos son asequibles a cualquier bolsillo empresarial.

Una vez ganado, las estrellas han invertido casi siempre su dinero en propiedades inmobiliarias, en arte y en empresas. Barbra Streisand y Meryl Streep tienen propiedades por todos los Estados Unidos. Steve Martin, Sylvester Stallone, Madonna, Jack Nicholson, Edward G. Robinson y Dennis Hopper tienen o tuvieron reconocidas colecciones de arte moderno. Elizabeth Taylor es famosa por sus costosas piezas de joyería.

Los restaurantes, clubes y discotecas son uno de los negocios preferidos de los actores. Tienen o participan en alguno Jack Nicholson, Robert Redford, Kevin Costner, Eddie Murphy, Madonna, Robert De Niro, Johnny Depp, Steven Spielberg y el ya famoso trío compuesto por Sylvester Stallone, Bruce Willis y Arnold Schwarzenegger, copropietarios de la famosa cadena internacional *Planet Hollywood.*

Daryl Hannah tiene su propio juego de mesa; Francis Ford Coppola, su marca de vino; Paul Newman, su salsa para pasta italiana; Joan Collins, su perfume; Arnold Schwarzenegger, una cadena de gimnasios; George Hamilton, un bronceador; Spike Lee, una línea de ropa informal y deportiva; Glenn Close, una cadena de tiendas con su hermana, y al duro Chuck Norris le van los casinos y sueña con levantar uno en Moscú.

¿Por qué siguen trabajando de esa forma las estrellas una vez que han ganado tanto dinero que no podrán gastarlo en toda una vida? Bueno, el problema es que eso de no poder gastarlo es muy relativo. El actor, bailarín y cantante Sammy Davis Jr. se pasó medio siglo trabajando y al morir tenía tantas deudas que su viuda, Altovise Davis, se vio forzada a vender los bienes de su marido en subasta para tratar de pagarlas.

«Si eres Dustin Hoffman y ganas millones de dólares con tu porcentaje en beneficios —aclara el superocupado Michael Caine—, no te das prisa en ponerte a hacer otra película. Pero yo gano mucho menos y tengo su mismo nivel de vida, así que tengo que hacer un montón de películas.» Como solía decir Marilyn Monroe: «Hollywood es un lugar en el que te pagan 50.000 dólares por un beso y 50 centavos por tu alma.»

3

AMORES COMPARTIDOS

(Qué hacer con el tiempo libre)

SI hay algo que le sobre a un actor es tiempo. Si, además, es rico, famoso y tiene influencia, puede hacer con él todo lo que quiera. Algunos se conforman con pintar, escribir novelas, dirigir películas, practicar deportes, criar mascotas o formar grupos de música. Sin embargo, lo que de verdad les gustaría hacer a la mayoría de ellos es cambiar el mundo, por eso la actividad política y los compromisos sociales son la afición preferida de los famosos en Hollywood.

«En cuanto te conviertes en una estrella —contó una vez Marlon Brando—, la gente empieza a hacerte preguntas sobre política, astrología, arqueología y control de natalidad. Pero lo que es aún más gracioso es que tú empiezas a responderlas.» El actor, al que expulsaron de joven de una academia militar de Minnesota y no recibió educación universitaria, ha sido una de las figuras más esquivas con la opinión pública, lo que no ha puesto demasiado a prueba el límite de su saber.

Las capacidades intelectuales de las estrellas son, sin embargo, una fuente de sorpresas. William Baldwin es licenciado en Ciencias Políticas por la Universidad de Nueva York y Alec Baldwin, su hermano mayor, abandonó sus estudios de Derecho, tras cinco años, justo a punto de licenciarse. Kevin Costner se especializó en Administración de Empresas y, en la misma línea, Arnold Schwarzenegger en Empresariales y Económicas, tras pasar por la Universidad de Wisconsin.

No menos impresionante resulta el historial académico del luchador sueco afincado en Hollywood, Dolph Lundgren. Inició sus estudios en el Real Instituto de Tecnología de Estocolmo, luego fue a la Universidad Estatal de Washington y acabó por obtener su título de Ingeniería Química en la Universidad de Sidney, Australia. Frente a esa carrera, el título de periodismo de Denzel Washington, por la Universidad de Fordham, en Nueva York, la verdad es que parece poca cosa.

La palma quizá se la lleve James Woods, que con un cociente de inteligencia de 180 inició los estudios de medicina para ser un brillante oftalmólogo especializado en cirugía ocular. Pero un accidente, al cortarse una mano con el vidrio de una ventana, dio un giro a su vida. Entre ellas, la niña prodigio del cine es Jodie Foster, que domina la lengua francesa desde pequeña y se licenció con honores en Literatura Afroamericana por la prestigiosa Universidad de Yale.

Hayan pasado o no por ella, la universidad sigue siendo un campo de batalla difícil para los famosos que, sin embargo, la visitan con frecuencia para dar charlas y conferencias. A Alec Baldwin le preguntaron en la de Columbia (Nueva York) que si no se avergonzaba y se sentía prostituido trabajando en la industria del cine, mientras que en UCLA (California), un estudiante le dijo a Michael Douglas: «¡Ojalá yo también tenga tanto pelo como tú cuando llegue a los cincuenta años!»

Situaciones casi tan comprometidas como la que vivió el circunspecto Denzel Washington cuando una universitaria le pidió que le firmase un autógrafo en el pecho. A Sean Penn, famoso por sus arranques de violencia cuando algo no le gusta, en UCLA (California) los estudiantes llegaron a interrogarle sobre si su ex mujer, la cantante Madonna, era buena cocinera. «¿Por qué no se lo preguntáis a su nuevo novio?», respondió.

«Para triunfar en el cine, como en la política —reconocía Ronald Reagan—, hay que saber qué es lo que quiere la gente y dárselo.» El actor, que estudió Economía y Sociología en el Eureka College de Illinois, fue un buen ejemplo de conexión con las aspiraciones del electorado, al que no defraudó en los ocho años que fue Presidente de Estados Unidos, entre 1981 y 1989, por el conservador Partido Republicano.

Con su llegada a la Casa Blanca, junto con su mujer, la también actriz Nancy Davis, selló la larga luna de miel que ha unido siempre, en lo bueno y en lo malo, a la política y a la gente de Hollywood.

«Reagan fue un pésimo actor, pero un excelente presidente, que le ha devuelto su dignidad al pueblo americano», respondió la actriz Bette Davis a un periodista en el Festival de Cine de San Sebastián cuando recibió el Premio Donostia a su carrera, muy poco antes de morir.

Aunque mediocre, la trayectoria de Reagan en la pantalla y su dominio de los trucos del oficio fueron decisivos para su triunfo político. «Allí donde voy —confesó durante su primera campaña electoral—, la gente me encuentra familiar. Es natural que una cara conocida despierte mayor simpatía. Un candidato, además, ha de saber tratar con los periodistas y hablar en las ruedas de prensa. Estoy acostumbrado a ser el blanco de todas las miradas y no me molesta. Perdí la timidez en Hollywood.»

Eso no fue lo único que perdió Reagan en la meca del cine, si se recuerda que fue allí, cuando era presidente del Sindicato de Actores, durante la época de la llamada «caza de brujas», donde cimentó sus credenciales de hombre conservador que le llevaron a la presidencia. Las ganó por su afición a la censura y su papel de informador privilegiado del Comité de Actividades Antiamericanas que en los años cuarenta, en plena guerra fría, escudriñó la conciencia política del cine.

Fue un «tiempo de canallas», como tan amargamente lo calificó la espléndida guionista Lillian Hellman, en el que el público descubrió que las grandes estrellas también eran seres humanos, con debilidades políticas que no siempre resultaba conveniente desvelar. Sobre todo para los que simpatizaban con las causas de izquierda, a los que se incluyó en «la lista negra» y ya no pudieron volver a trabajar durante muchos años.

Películas como la tragicomedia *El testaferro* (1976), protagonizada por Woody Allen, y el drama *Caza de Brujas* (1991), con Robert De Niro, han narrado aquella época de angustia. Los directores y guionistas, al menos, fueron saliendo adelante con nombres ficticios, aunque cobrando sueldos de miseria. Lo peor fue para los actores que no tenían escapatoria al no poder ocultar su cara al trabajar.

Entre los inquisidores destacó un joven y ambicioso abogado californiano llamado Richard Nixon, que en 1969 se convirtió en el trigésimo séptimo presidente de los Estados Unidos y en 1974 pasó a la historia como el primer ocupante de la Casa Blanca que ha dimitido de su cargo, en su caso para evitar ser juzgado por un tribunal de justicia, acusado de emplear su cargo para espiar a sus rivales políticos. Lo que en el fondo no era sino una vieja afición.

En la «caza de brujas» de Hollywood destacó Walt Disney, que incluso acusó a los comunistas de emplear materiales de su productora para «dibujar su propaganda». Años después, la biografía *Walt Disney, Hollywood's Dark Prince* (Lane Press, 1993), de Marc Eliot, presentó al dibujante como un hombre vengativo, antisemita, filofascista, antisindical, informador del FBI, aficionado al alcohol y a los fármacos, mentalmente inestable y amigo del crimen organizado, o sea, de la mafia.

Hubo muchos otros «patriotas bienintencionados» que colaboraron gustosos en las depuraciones. Entre ellos, Adolph Menjou, magnífico actor, que denunció «una forma comunista de interpretar», y Robert Taylor, que delató a dos guionistas y a la actriz Karen Morley. En 1990, el cambio de nombre, a petición de unos guionistas, de un edificio de los estudios Lorimar dedicado a Taylor, desencadenó tal polémica en todo el país que demostró lo vivas que están aún hoy aquellas heridas.

No faltaron figuras como el director Elia Kazan, que al principio se mostraron hostiles a colaborar, pero que luego se arrepintieron y dieron nombres. A los denunciados se les se apagó su estrella sin remedio y a alguno le costó la muerte prematura, como a John Garfield, precursor de Marlon Brando, Montgomery Clift, James Dean y todos los rebeldes del cine. Otros huyeron a Europa, como el director Jules Dassin, que se casó en el exilio con la actriz griega Melina Mercouri.

Una causa frecuente de persecución fue haber apoyado al bando republicano durante la Guerra Civil española. Eso le ocurrió a John Randolph, padre de Jack Nicholson en *El honor de los Prizzi* (1985), que sufrió represalias durante quince años. Otras víctimas de oponerse a la política exterior de Estados Unidos han sido Jane Fonda, que criticó la guerra del Vietnam en los setenta, y Ed Asner, el televisivo Lou Grant, por apoyar el envío de ayuda médica a El Salvador en los ochenta.

Poco después de ganar el Oscar por su impresionante trabajo en *Klute* (1971), en medio de la guerra del Vietnam, el 8 de julio de 1972, la rebelde Jane Fonda viajó a Hanoi, la capital de Vietnam del Norte, junto al ex fiscal general de Estados Unidos, el también pacifista Ramsey Clark. Llegaron en un vuelo de Aeroflot, líneas aéreas de la ex Unión Soviética, y pasaron dos semanas recorriendo el país, comprobando los efectos de la guerra y haciendo multitud de declaraciones.

Del 14 al 22 de julio, la actriz envió mensajes de radio a las tropas americanas, dirigiéndose por su nombre a unidades concretas en combate e incitándoles a que abandonasen las armas. A su regreso a Nueva York, la prensa más radical exigía que se juzgase a «Hanoi Jane» por traición y que fuese fusilada. El ministerio de Justicia, sin embargo, ignoró procesarla para evitar un escándalo de prensa aún mayor.

En los años ochenta, la nueva víctima de la política fue Ed Asner, famoso por su papel de periodista en la teleserie *Lou Grant,* con el que ganó seis premios Emmy, equivalente al Oscar en televisión. No obstante, tras criticar el apoyo del gobierno de su país al régimen de El Salvador, su serie fue suspendida por la casa patrocinadora, la empresa *Kleenex.* La ironía fue que Asner era presidente del Sindicato de Actores, cargo que ostentó Ronald Reagan durante la «caza de brujas».

Ningún productor se arriesga a contratar a una estrella, por muy famosa que sea, si va a atraer publicidad negativa a su proyecto. El actor y cantante

Harry Belafonte, organizador de la gira que hizo por Estados Unidos en 1990 el luchador pro derechos humanos Nelson Mandela, lo explicó en términos comerciales. «Empresas de publicidad, compañías de discos y distribuidoras de cine, todos trabajan en Sudáfrica y si no les gusta tu actitud política, no te ayudan en tu carrera.»

Una triste verdad que casi acabó con la popularidad de la gordita Roseanne Barr, protagonista, junto a Meryl Streep, de *Vida y amores de una diablesa* (1989), y una de las grandes estrellas de la televisión americana con la serie *Roseanne.* Todo estuvo a punto de derrumbarse ante sus ojos en 1990 por unas declaraciones a la prensa en las que se mostró contraria a que se tocase a diario el himno nacional en los colegios.

Martin Sheen, padre de Emilio Estévez y Charlie Sheen y protagonista de *Apocalypse Now* (1979), está muy acostumbrado a encajar las consecuencias de sus opiniones políticas. Es especialista en bloquear la entrada a recintos oficiales y carreteras por donde circulan cargamentos radiactivos, por lo que le han detenido y condenado más de media docena de veces. La suya fue una de las primeras voces que criticó la presencia americana en la guerra del Golfo Pérsico, en 1991.

«Es cierto que Saddam Husein ha cometido un grave error al invadir Kwait —declaró Sheen—, pero no ha sido distinto al de George Bush cuando invadió Panamá, con la diferencia de que la comunidad internacional no acudió entonces en defensa de ese país.» El joven actor John Cusack, protagonista de *Balas sobre Broadway* (1994), corroboró: «Vi un pueblo sediento de sangre que utilizaba términos futbolísticos para referirse a una guerra en la que estaba muriendo gente de carne y hueso.»

Si con el republicano Ronald Reagan las celebridades de Hollywood se hicieron visitantes habituales de la Casa Blanca, su actividad política y social se intensificó a partir de las elecciones de 1992 que llevaron al demócrata Bill Clinton a la Presidencia. En el lado republicano militan Bruce Willis, Arnold Schwarzenegger, Charlton Heston, Sylvester Stallone, Tom Selleck, Kevin Costner y Clint Eastwood, que incluso fue alcalde de Carmel, entre 1986 y 1988, lugar en el que vive.

Frente a ellos, los demócratas, que apoyaron a Clinton: Paul Newman, Jane Fonda, Tom Hanks, Jodie Foster, Barbra Streisand, Warren Beatty, Whoopi Goldberg, Jack Lemmon, Kim Basinger, Burt Reynolds, Debra Winger, Sally Field y Candice Bergen. Esta última, fue objeto de los ataques de Dan Quayle, vicepresidente del republicano George Bush, que la acusó, en 1992, de atacar a la familia, por permitir que su personaje en la teleserie *Murphy Brown* fuera madre soltera.

La polémica entre Candice Bergen y Dan Quayle, alimentada por la dura campaña electoral, llevó a la actriz a la cotizada portada del semanario *Time* y a la serie al triunfo absoluto en los premios Emmy de ese año. En la ceremonia de entrega de los galardones, la guionista Diane English concluyó su texto de agradecimiento con la ácida frase que usó «Murphy Brown» para zanjar la polémica desde la serie: «En todo caso, no puedo criar a mis hijos peor que Reagan crió a los suyos.»

En la práctica, la distancia que separa a republicanos y demócratas no es tan difícil de salvar. De hecho, varias estrellas de peso, como Charlton Heston, recibieron en algún momento de su vida ofertas de ambos partidos para competir por la Presidencia del país. A Anthony Quinn, con dos Oscar, no le han faltado tampoco propuestas para presentarse a gobernador del estado de California y para ser embajador. Pero él las ha rechazado todas.

«El señor Ronald Reagan —bromeaba Quinn al hablar de este asunto—, fue gobernador de California durante dos mandatos, o sea ocho años, y ejerció otros dos mandatos como presidente de Estados Unidos, pero ahora no tiene trabajo y a mí me gusta mi profesión. Además, mi amigo César Chávez, excelente político americano, me aconsejó que no aceptara la candidatura porque un gobernador tiene que hacer muchas concesiones y él, que me conoce bien, sabía que no soy hombre de concesiones.»

La verdadera afición de Quinn, aparte del cine, es el arte. Gran admirador de Goya, al que considera el mejor pintor que ha existido, ha pintado más de mil cuadros y ha esculpido unos tres centenares de obras. «Empecé a pintar a los cinco años —recuerda—. Podrían decir que soy un mal actor, pero nunca un mal pintor. Por desgracia, no soy un genio, pero no me puedo quejar, de hecho gano más dinero como pintor que como actor.»

En Hollywood siempre ha existido una gran afición por las artes plásticas, consideradas en su doble vertiente de manifestación artística y de lucrativa inversión financiera. No en vano son de California los diez coleccionistas de arte más importantes del mundo y entre ellos figuran Michael Ovitz, copresidente de Walt Disney, desde 1995, y David Geffen, el productor de *Entrevista con el vampiro* (1994).

Jack Nicholson colecciona obras de Picasso, Chagall y bronces etruscos y egipcios; Barbra Streisand siente debilidad por los muebles diseñados por el gran arquitecto Frank Lloyd Wright; Steve Martin se inclina por los cuadros de Hockney, O'Keefe y Kline; Madonna también tiene un Picasso, y Dennis Hopper prefiere invertir en artistas locales de California. Además de un placer, en caso de apuros, si hace falta dinero, siempre cabe la posibilidad de vender la colección.

La subasta de la colección de pintura del veterano director Billy Wilder, en noviembre de 1989, alcanzó la cifra astronómica de 32,6 millones de dólares. De las noventa y tres obras puestas a la venta, destacaban once de Picasso, cuatro de Klee, tres de Braque y varias de Botero, Miró y Balthus; además de una escultura de Giacometti. El cineasta, de ochenta y tres años por entonces, había comenzado a comprar arte poco después de llegar a Hollywood, en los años treinta.

Los que no pueden esperar para rentabilizar sus

gustos artísticos se lanzan ellos mismos a pintar. Algunos montan exposiciones dentro y fuera de Estados Unidos para vender a precios de escalofrío sus obras, como el siempre inesperado Sylvester Stallone, admirador de las esculturas de Rodin y Bourdelle, aparte de pintor. La crítica ha elogiado las exposiciones de Peter Falk, eterno teniente «Colombo» de la televisión, y de Tony Curtis y su retrato de Marilyn Monroe.

Los cuadros del director David Lynch tienen un estilo «naif», lo último que cabría decir de las inquietantes imágenes de *Corazón salvaje* (1990) y del resto de sus filmes. La directora de cine de acción Kathryn Bigelow y la actriz Julia Ormond empezaron sus carreras como pintoras. El actor y cantante David Bowie es un artista hábil, muy influenciado en su obra por el expresionismo, movimiento artístico que adora.

Bowie es uno de tantos cantantes que han probado suerte como actores en el mundo del cine. Su caso, como los de Frank Sinatra, Madonna o Whitney Houston, son bien conocidos por el público. En cambio, apenas se sabe de los actores que hacen incursiones en la canción, lo que es sorprendente si se tiene en cuenta que casi todas las estrellas han grabado un disco alguna vez. La moda no es de hoy ni la han inventado, con sus grabaciones, Antonio Banderas, Kevin Costner, Eddie Murphy o John Travolta.

Desde la década de los años cuarenta, cuando la Metro Goldwyn Mayer inició su campaña de lanzar discos cantados por sus estrellas, no es raro que los ídolos del cine hayan hecho sus pinitos en la música. Joyas de coleccionista, reeditados algunos actualmente, son los vinilos grabados, entre otros, por Yul Brynner, Jane Russell, Dorothy Lamour, James Dean, Jack Lemmon, Anthony Quinn, Rock Hudson, Susan Hayward, Johnny Weissmuller, Robert Mitchum, Sally Field y Goldie Hawn.

Joan Crawford trató de hacer carrera también como cantante y sacó varios discos, sin gran fortuna. Su eterna rival, Bette Davis, grabó en 1976 una recopilación de temas de sus películas. Incluso Katharine Hepburn se lanzó a la aventura con canciones de Cole Porter. Pero ninguna tan atractiva como la dulce Marilyn Monroe, que puso tal seducción en su voz que la Fox ordenó destruir las grabaciones, salvadas por un ingeniero de sonido y descubiertas mucho después.

Con Keith Carradine se dio la rareza de que no ha ganado el Oscar como actor, pero sí como cantante, con el tema *I'm Easy*, de la película *Nashville* (1975), de la que también fue protagonista. También muy popular fue la canción *Wanderin' Star*, cantada por Lee Marvin en *La leyenda de la ciudad sin nombre* (1969). Menos suerte tuvo su compañero de reparto, Clint Eastwood, que cantó en esa y otras películas y tiene un disco de música «country» que pasó sin pena ni gloria.

Las figuras que han alcanzado la popularidad por medio de la televisión parecen más inclinadas a exprimir su éxito al máximo cantando. David

Soul, el policía rubio de *Starsky y Hutch,* grabó dos discos en los setenta; Don Johnson, de *Corrupción en Miami,* varios, en los ochenta, cuando salía con la cantante Barbra Streisand, mientras que David Hasselhoff, de *El coche fantástico* y *Los vigilantes de la playa,* tiene al menos tres vinilos y es muy popular también por su voz.

Bruce Willis y Cybill Shepherd, la pareja de *Luz de luna,* son aparte. Willis no sólo ha sacado discos, sino que tiene su propio grupo y aprovecha las inauguraciones de nuevas sucursales de su cadena de restaurantes *Planet Hollywood* para dar el espectáculo. Shepherd ha tratado con todas sus fuerzas de ser una cantante respetada desde el principio de su carrera, cuando aún vivía con el director Peter Bogdanovich, que la descubrió y financió el primero de sus varios LP's.

La generación de estrellas más jóvenes se siente tan fascinada por el mundo de la música y los grupos de rock que visten y se comportan más como cantantes que como luminarias de la pantalla. Estos nuevos actores cantantes son el malogrado River Phoenix, Johnny Depp, Keanu Reeves, Ethan Hawke y, en menor medida, Edward Furlong y Val Kilmer. Cantan, componen, tienen bandas, hacen giras y, alguno, graba discos.

¿Qué buscan los famosos de Hollywood con estas labores paralelas al cine? La respuesta es sencilla, lo que cualquier nuevo rico: respeto, pero para lograrlo, lo mejor es escribir libros. La mayoría, autobiografías y novelas, pero hay de todo, hasta un poco de ayuda. Cuando Mickey Rooney publicó su primera novela, *The Search for Sonny Skies* (Carol, 1994), aseguró que la había hecho solo, aunque su editor, Steven Schragis, confesó que «hubo algo de ayuda, pero no excesiva».

La calidad literaria del texto y los antecedentes del autor delatan la presencia o no de lo que en inglés se llama, muy expresivamente, el «escritor fantasma», o sea, el «negro». Las críticas de los cuentos infantiles con los que debutaron en las letras Jamie Lee Curtis, *When I was little: a four-years-old's memory of her youth* (Haper Collins, 1993) y Olivia Newton-John, *A pig tale* (Simon & Schuster, 1993) fueron tan negativas que nadie dudó de su autoría.

Con o sin ayuda, muchas estrellas han puesto su nombre en la portada de una o varias novelas. Desde el *Paradise Alley, la cocina del infierno,* de Sylvester Stallone (Noguer y Caralt, 1978), al *Mr. Arkadin,* de Orson Welles (Anagram, 1995). Sin olvidar *Baile con el diablo,* de Kirk Douglas (Ediciones B, 1992); *Tekwar,* de William Shatner; *Kid Andrew Cody and Julie Sparrow,* de Tony Curtis; *Today is tonight,* de Jean Harlow; los textos de humor de Woody Allen, y los varios títulos editados por Joan Collins, David Niven, Shirley McLaine y Peter Ustinov.

Fuera del camino más trillado, Mary Pickford, la novia de América en el cine mudo, prefirió un texto religioso, *Why not try God*; Rodolfo Valentino, los versos de *Day dreams*; Mae West, la obra teatral *Diamond Lil*; Errol Flynn, el libro de viajes a Nueva Guinea

Beam Ends; Arlene Dhal, la madre de Lorenzo Lamas, una docena de libros de belleza, y Elizabeth Taylor, el relato *Nibble and Me,* que escribió a los doce años, sobre la ardilla que tenía por mascota.

La defensa de los animales es una de las causas a las que con mayor frecuencia se han entregado las celebridades. Doris Day, por ejemplo, ha compartido su mansión durante años con una veintena de perros, y Patrick Swayze cría caballos en el rancho californiano en el que vive con su mujer, la bailarina Lisa Niemi. «Criar un semental es la experiencia más increíble que he tenido —revela—. Son un barómetro emocional. Si no llevas buenas intenciones, el caballo no trabaja contigo.»

Perros y caballos son demasiado normales para Hollywood y la colonia de mascotas abarca todas las especies animales. Desde el tiburón que Nicolas Cage, medio en serio, medio en broma, decía que tenía en casa, al cerdito, llamado Jerry Lee, del que, durante mucho tiempo, no se separaba casi para nada Luke Perry, galán de la teleserie *Sensación de vivir.* Le compró una almohada especial para que durmiera con él, le llevaba a los restaurantes y le daba manzanas de su boca.

Tippi Hedren vive desde hace muchos años rodeada de leones, leopardos, tigres, panteras y pumas. Un total de setenta fieras y dos elefantes que la actriz cuida en persona. No es extraño que la casa se llame *Shambala,* que en sánscrito significa «lugar de paz y armonía para animales y personas». El único inconveniente es que su hija, Melanie Griffith, no puede visitarla todo lo que querría porque paradójicamente tiene alergia a los gatos.

Próxima también a un zoológico es la residencia de Kristie Alley, una militante de los derechos de los animales que mantiene a más de cuarenta mascotas en su rancho de treinta y dos habitaciones. Entre ellas, perros, burros, conejos, peces y zarigüeyas. Pero su debilidad son las aves: loros, ocas, pavos y gallinas. Precisamente una gallina era lo que solía llevar a su camerino de los estudios donde rodaba la serie *Cheers*, porque en la puerta sólo ponía «Prohibidos los perros».

Gracias a los animales, la existencia de Kim Novak dio un giro radical. «Llamé al veterinario porque tenía un animal enfermo y así encontré al amor de mi vida», reconoce la mítica protagonista de *Picnic* (1955) y *Vértigo* (1958) al explicar cómo conoció a Robert Malloy, su marido. La pareja vive en el campo, rodeada de mascotas, entre ellas, llamas exóticas, que suscitaron la atención del cantante Michael Jackson, que incluso llegó a un acuerdo con ellos para cruzarlas con las suyas.

El apoyo a la naturaleza no siempre es tan bucólico, sobre todo en las acciones que emprende la asociación PETA (Personas por la Ética en el Trato de los Animales) y que respaldan bastantes estrellas. Uno de sus principales objetivos es el rechazo de las prendas de pieles de foca, oso, armiño, visón y toda clase de seres vivos. Ésa es una campaña que han secundado Kim Basinger y Cindy Crawford bajo el lema militante «Prefiero ir desnuda a usar pieles».

No hay causa por extraña o lejana que parezca que no haya encontrado ya a un benefactor de la pantalla. Richard Gere protesta contra la invasión del Tíbet por China; Elizabeth Taylor se deja la poca salud que le queda luchando por los enfermos de sida; Whoopi Goldberg ha hecho suyo el problema de la discriminación racial en Sudáfrica; Mickey Rourke ha apoyado a los independentistas de Irlanda del Norte, y Robin Williams recauda fondos a favor de los «sin techo».

A Larry Hagman, el malvado J. R. de la teleserie *Dallas*, no le gusta fumar y hace publicidad antitabaco; Victoria Principal trabaja a favor de las asociaciones de enfermos de artritis porque su madre la padece; a Michael J. Fox le mueven los niños con espina bífida, como su sobrina, y Paul Newman fundó el Centro Scott Newman para tratar jóvenes con problemas de drogas en honor a su hijo que se suicidó.

No es oro todo lo que reluce en la caridad y menos en la de un famoso. Muchas veces, las estrellas se implican en actos de beneficencia por puro afán promocional. No cobran, pero imponen tales dietas y exigencias que la organización hasta pierde dinero, como denunciaba la revista de economía *Forbes* en septiembre de 1994. Además, todos quieren participar en las cruzadas de moda, que garantizan mayor presencia en la prensa que otras, más calladas y efectivas, pero de menos lucimiento.

La publicidad no siempre desvela las habilidades secretas de los ídolos y, al parecer, aún quedan aquellos a los que les ha bastado con practicarlas por mero disfrute personal. John Wayne era imbatible con los naipes y una vez hasta le ganó el perro *Lassie* a su propietario en una partida de poker; Bruce Lee fue campeón de cha cha cha de Hong Kong en 1958, y Katharine Hepburn ganó, en su juventud, varios trofeos nacionales por su habilidad en el patinaje artístico.

Es bien sabido que Omar Shariff es un maestro del bridge y ha representado a su país, Egipto, en distintos torneos internacionales. Robert Stack fue campeón de tiro con rifle de Estados Unidos en 1937, y llegó a ostentar la marca mundial de 354 blancos acertados consecutivos. Alan Ladd ganó en 1932 el campeonato de buceo de América y Paul Newman, experimentado piloto, ha alternado el cine con las carreras de automóviles.

No obstante, de todas las formas que tienen los actores para ganar prestigio y respeto, una de las más próximas es el teatro. Los intérpretes de cine consideran la escena como su asignatura pendiente y pocos se resisten a la tentación de enfrentarse al público en vivo. Su campo de batalla son los escenarios de Broadway, en Nueva York, que se llenan cuando va una estrella de Hollywood. El sueldo es ridículo, comparado con el cine, pero el prestigio también tiene su precio.

Lo más fácil en la actualidad para un actor de éxito es que le dejen dirigir una película. Los estudios lo consideran un gasto inevitable para mantener contentas a las estrellas. Sin embargo, antes de que John Cassavetes y Woody Allen alternasen la interpretación con una carrera tras la cámara, era muy raro que un actor pudiese dirigir. A ningún productor del Hollywood clásico se le habría ocurrido encomendar la tarea a Clark Gable, Bette Davis o Humphrey Bogart. Hoy, en cambio, no le cabría otra opción.

Las excepciones que confirman la regla fueron gente como Charles Laughton con *La noche del cazador* (1955); Burt Lancaster con *El hombre de Kentucky* (1955); Karl Malden con *Labios sellados* (1957), y Marlon Brando con *Rostro impenetrable* (1961). Otro precursor fue Clint Eastwood, que fundó su productora, Malpaso, en 1968. A partir de él, la lista de actores que han dirigido sería interminable.

Lo que se ha olvidado es que algunos directores de gran éxito empezaron como actores en teleseries populares. Ron Howard protagonizaba *Happy Days* antes de dirigir *Al filo de la noticia* (1994) y *Apollo XIII* (1995); Penny Marshall salía en *Laverne & Shirley* antes de realizar *Despertares* (1990) y *Ellas dan el golpe* (1992), y su ex marido, Rob Reiner, era actor fijo de *All in the Family* antes de dirigir *La princesa prometida* (1987) y *Cuando Harry encontró a Sally* (1989).

La explicación de por qué todos los actores sueñan con dirigir es que quieren controlar su trabajo y que se tomen en cuenta sus opiniones durante la filmación. «De todos modos —opinaba Marlon Brando—, te acabas dirigiendo en casi todas tus películas.» Tal como lo plantean ellos, es inevitable pasarse tras la cámara. «Los actores que llevan algún tiempo en esto —ironizaba Gene Hackman— acaban o dirigiendo o alcoholizados.»

4

CRÍMENES DEL CORAZÓN

(Amores y romances)

El amor en Hollywood no es igual que en el resto del planeta. Allí dura mucho menos que en ninguna otra parte y, además, siempre es heterosexual. Se han dado matrimonios que no han cumplido ni sus primeras veinticuatro horas. En cuanto al sexo, de acuerdo a los continuos desmentidos de las estrellas, la meca del cine sería la única población humana en la que no existen homosexuales ni lesbianas. Sí que es especial.

El tópico más difundido sobre el amor y las estrellas es que siempre se enamoran cuando trabajan juntas. Se rumoreó incluso de los intérpretes de *Los puentes de Madison* (1995), Clint Eastwood y Meryl Streep, una actriz famosa por anteponer la familia a su profesión. El hipotético romance jamás se confirmó, pero el director Alfred Hitchcock, un especialista en misterios, dejó dicho: «Todas las escenas de amor que se ruedan, se continúan, sin excepción, al acabar la jornada.»

Hay que reconocer que existen pocos lugares más propicios que un rodaje para vivir un romance. La mayoría de las películas se filman en lugares aislados o en países remotos de los que las estrellas ni siquiera conocen la lengua. Permanecen allí durante semanas, cuando no varios meses, alejados de su familia, sus amigos y su medio ambiente habitual. Además, escasean las diversiones, y durante el trabajo abundan las largas esperas, sin nada que hacer.

La pareja más famosa que ha existido en la historia del cine, Lauren Bacall y Humphrey Bogart, se enamoró en un plató. Su amor trágico duró doce años escasos y aunque acabó con la muerte de Bogart en 1957, aún es imposible mencionar a Lauren Bacall sin que acuda a la mente, de inmediato, la imagen del actor. Esa unión, inquebrantable por el tiempo, se forjó a la luz de los focos, en segundos, con una cámara por testigo.

Se conocieron en el rodaje de *Tener y no tener* (1944). Ella era una modelo neoyorquina de diecinueve años, sin experiencia en el amor, que debutaba en el cine. Él, una estrella reconocida, de cuarenta y cuatro años, con debilidad por el whisky, que vivía el violento final de su tercer matrimonio, con Mayo Methot, también actriz y alcohólica, que había intentado apuñalarle una vez durante una de las tremendas peleas que solían mantener.

Al encontrarse, Lauren no se atrevía a mirar a Bogart a la cara y le temblaba todo el cuerpo cuando dijo su primera frase en la película: «¿Alguien tiene una cerilla?» Para mantener la cabeza quieta al hablar, pegó la barbilla al pecho, fijando la vista en el suelo. El resultado fue esa mirada inimitable, dirigida de abajo arriba, entre irónica e insolente, mezcla de humor y erotismo, capaz de rendir a cualquier hombre.

Días después, Bogart fue a su camerino y le alargó un estuche de cerillas para que escribiera en él su número de teléfono. El resto ya pertenece a la leyenda o casi, porque un amor en Hollywood nunca es tan sencillo. Los últimos meses de la penosa agonía del actor, víctima del cáncer, Lauren inició un intenso idilio con el cantante Frank Sinatra, amigo íntimo de su marido, que no se hizo público hasta que Bogart murió.

Un año después de enviudar, Sinatra, recién divorciado de Ava Gardner, le pidió matrimonio. Ella, que «no esperaba nada, pero sabía que lo quería todo», respondió que sí. Salieron a celebrarlo y cuando un admirador les pidió un autógrafo, Frank le exigió que lo firmara con su nuevo apellido. Así que tras su apelativo artístico, «Lauren Bacall» añadió su nombre de verdad con el apellido del cantante, o sea Betty Sinatra.

El sueño se esfumó porque la noticia llegó a la prensa antes de tiempo y el cantante, que siempre odió airear su vida privada, dio por roto el compromiso. «Nunca me casaría con esa hembra arrolladora», le contó enojado a Ava Gardner. Lauren Bacall nunca perdonó la ofensa y hasta 1970, que editó sus memorias, *By Myself (Por mí misma,* Ultramar, 1987), no reconoció que le había amado. Por el contrario, no ahorraba ocasión de dar la peor imagen de él.

«No he conocido jamás a un hombre tan reptil como Frank Sinatra», decía a los periodistas. Luego contaba que había tratado de llevarla a la cama el mismo día que fue a darle el pésame por la muerte de Bogart. «Sólo espero —concluía— que se vuelva contra él todo el mal que ha hecho a los demás.» Pero ésa es otra historia, porque aún cuatro décadas después de que enviudara, siempre que se dice el nombre de Lauren Bacall, de inmediato se piensa en Humphrey Bogart.

La predisposición al flirteo durante un rodaje es tanta que hay estrellas que parecen especializadas en vivir amores de usar y tirar con todos, o casi todos, sus compañeros de trabajo. Frente a casos tan conocidos como los de Warren Beatty, Julia Roberts y Christian Slater, no puede olvidarse el tremendo historial de conquistas acumulado, con su carita de chica buena, por Grace Kelly antes de ser Grace de Mónaco.

Su preferencia por los hombres mayores y casados le dio merecida fama en Hollywood de ser una peligrosa rompehogares. Entre bastantes otros, sedujo a Gary Cooper, veintiocho años mayor que ella, en *Solo ante el peligro* (1952); a Clark Gable, veintiocho años mayor, en *Mogambo* (1953), y a Bing Crosby, veintiséis años mayor, y a William Holden, once años mayor, los alternó, dentro y fuera de la pantalla, en *La angustia de vivir* (1954), película por la que, además, ganó el Oscar a la mejor actriz.

Un factor que predispone a la frecuencia de

estos idilios es que los actores trabajan con los sentimientos a flor de piel y, a poca atracción que exista, no es difícil que la mutua admiración profesional haga el resto. Sobre todo, si por necesidades del guión se pasan la jornada fingiéndose un amor apasionado y compartiendo intensas escenas eróticas. Por si fuera poco, por lo general, las otras estrellas del filme son los seres más atractivos que hay por los alrededores.

En una sociedad machista, ser hombre o mujer tiene inconvenientes y ventajas. Si un actor se va con una mujer del lugar en el que rueda, puede presumir de haber hecho una conquista. Si fuera una actriz la que lo hiciera, sería el galán de la localidad el que alardearía de haber conquistado a una estrella de cine. Las tornas se cambian al día siguiente, porque las escapadas de los actores pueden generar demandas de paternidad, un peligro del que se libran las actrices.

Todo se confabula para que actores y actrices acaben juntos, a veces durante años, como Kim Basinger y Alec Baldwin, que se enamoraron en *Ella siempre dice sí* (1991); Denzel Washington y Pauletta Pearson, en *Wilma* (tv-1977); Tom Hanks y Rita Wilson, en *Voluntarios* (1985); Tom Cruise y Nicole Kidman, en *Días de trueno* (1990); Liam Neeson y Natasha Richardson, en *Nell* (1994), y Gary Oldman e Isabella Rossellini en *Amor inmortal* (1994).

Gary Oldman, tan famoso por su trabajo como por sus problemas con el alcohol y sus conquistas, está divorciado de las actrices Lesley Manvil y Uma

Thurman, lo que le hace un experto en saber cómo funciona la atracción entre actores. «Casarse con una actriz —asegura— es uno de los gajes del oficio. A las pocas semanas descubres que te habías enamorado de su personaje, pero que no tienes nada en común con ella.»

Su colega James Woods aprendió la lección de una forma terrible, que pudo acabar en tragedia, cuando intentó poner fin a la relación extramatrimonial que había mantenido con Sean Young durante el rodaje de *Impulso sensual* (1988). El incidente, uno de los más extraños ocurridos en el Hollywood de hoy, conmovió a la opinión pública americana, por su clara similitud con el argumento de *Atracción fatal* (1987).

El 26 de agosto de 1988, James Woods y Sarah Owens, su esposa entonces, presentaron una demanda contra Sean Young en un juzgado de Los Ángeles. Según el testimonio de la pareja, la actriz les acosaba de continuo con llamadas telefónicas y cartas y, en una ocasión, habían encontrado una muñeca ensangrentada en la puerta de su casa. Por todo ello, le reclamaban una indemnización de 2 millones de dólares.

Woods había conocido a Sean Young el año anterior, en el plató de *Impulso sensual*, un drama sobre un ejecutivo que cae en el infierno de la droga, arrastrando con él a su mujer. El rodaje fue muy duro y todo apunta a que ambos intérpretes se dejaron llevar por sus personajes. Sin embargo, cuando demandó a su compañera, Woods declaró que ella le había acosado todo el tiempo, algo que la actriz ha negado siempre.

El proceso tomó un giro inesperado en 1990. Antes de llegar al tribunal, Woods retiró la demanda y se comprometió a devolverle a Sean Young los 225.000 dólares que la actriz había gastado en su defensa. Después se supo que en el pasado el actor había estado en tratamiento psiquiátrico y que su esposa, Sarah Owens, tenía antecedentes penales. Lo que no se supo nunca fue lo ocurrido de verdad entre ambas estrellas.

El escándalo siempre atrae mucha publicidad gratuita. No pocas veces, los amores de los protagonistas de una película son un regalo para todos. Desde el productor y el director al resto del equipo. Las estrellas descontentas son más exigentes y provocan demoras, lo que dispara el presupuesto. Ahora, si se enamoran y son felices, no crean problemas, dan más de sí en el trabajo y si se filtra bien la noticia a la prensa, el romance es una buena fuente de promoción para el filme.

Es difícil prever cómo influirá esa publicidad sobre la taquilla. El amor surgido entre Elizabeth Taylor y Richard Burton en *Cleopatra* (1963) hizo correr ríos de tinta, pero no llevó espectadores a los cines y la cinta fue uno de los mayores fracasos comerciales de la historia. En cambio, la relación entablada entre Melanie Griffith y Antonio Banderas en *Two Much* (1995) resultó una ayuda impagable para el éxito de la película y para la promoción internacional del actor.

Una vez que el flechazo se hace público, hay una cosa que siempre es igual, todos los rumores apuntan a que las escenas eróticas fueron más allá de lo que pedía la ficción. En *Las amistades peligrosas* (1988) los enredos sexuales de los personajes se confundían con la vida de sus intérpretes. John Malkovich abandonó a su mujer, la actriz Glenne Headley, y Michelle Pfeiffer rompió con Michael Keaton, pero la nueva pareja no sobrevivió al último golpe de claqueta.

Sólo hay una cosa que les guste tanto a los actores como enamorarse en un rodaje, divorciarse. «Una esposa dura tanto como un matrimonio —razonaba Woody Allen—, pero una ex esposa es para toda la vida.» Ésa es una oferta que ninguna estrella puede rechazar. Salvo, claro, Paul Newman, casado con Joanne Woodward desde el 29 de enero de 1958 y aún enamorado de ella. Aunque, como nadie es perfecto, Newman estuvo casado antes con la actriz Jackie Witte, lo que añade una ex esposa a su vida.

Los famosos se divorcian más porque las separaciones son un lujo que no está al alcance de cualquiera. «Alguien me dijo hace poco —bromea Sean Connery—, que en Hollywood existe una asociación llamada Divorcios Anónimos. Funciona así, si a uno de sus miembros masculinos le da por pensar en divorciarse, le envían a un contable para disuadirle.» Las cifras astronómicas que han pagado algunas estrellas por su divorcio confirman la conveniencia de pensárselo dos veces antes de dar el paso.

Cada nuevo divorcio establece una marca histórica en la meca del cine. Es lógico, las estrellas ganan cada día más y los patrimonios a dividir son mayores. Sylvester Stallone, Robert Redford y Clint Eastwood se divorciaron en los ochenta por varios cientos de millones de pesetas. En cambio, a partir de 1989, Steven Spielberg inició las separaciones de miles de millones de pesetas, como las que plantearon las esposas humilladas de Anthony Quinn, Kevin Costner y Michael Douglas.

Spielberg resolvió su separación de Amy Irving, la chica de *La furia* (1978) y *Yentl* (1983), de forma tan amistosa, pagando unos 13.000 millones de pesetas sin protestar, porque no quiso que su hijo sufriera el infierno de un divorcio hostil, como le pasó a él de niño. Años después, Amy Irving se unió al director brasileño Bruno Barreto, descubridor de la *sex symbol* Sonia Braga, e hizo unas duras declaraciones sobre la impericia sexual de Spielberg, comparado con su nuevo amor.

Como nada en Hollywood es como parece, ni dentro ni fuera de la pantalla, los divorcios tampoco significan exactamente rupturas definitivas. A veces, anuncian una reconciliación. Stan Laurel, «el flaco», se casó ocho veces, pero sólo con cuatro mujeres. Otros famosos que repitieron han sido Don Johnson y Melanie Griffith, Desi Arnaz y Lucille Ball, Robert Warner y Natalie Wood y, claro, Elizabeth Taylor y Richard Burton.

Liz Taylor, una diva de la vieja escuela que empezó en el cine de niña, se ha casado ocho veces (dos, con Burton) y todas acabaron en ruptura. Eso influiría de forma positiva en un varón, pero a ella le ha dado fama de caprichosa. «Su reputación de promiscuidad —juzga con agudeza Julie Burchill, columnista del semanal inglés *The Sunday Times*—, se funda en un intento casi ingenuo de hacer las cosas de forma decente y casarse con los hombres con los que se acuesta.»

El último matrimonio de Taylor, con el albañil Larry Fortenski, ya roto, ha puesto de actualidad los romances entre actrices y galanes de carne y hueso. Las que fueron diosas en el Hollywood de ayer, hoy bajan a la tierra. Glenn Close, con el carpintero de teatro Steve Beers; Roseanne Barr, con el guardaespaldas Ben Thomas; Sally Field, con el electricista de cine Jerry Knight, y Woopi Goldberg, con el sindicalista Lyle Trachtenberg, del que se separó en 1995, al año de casarse.

El pánico a perder la mitad de la fortuna con un mal matrimonio, lleva a algunas estrellas a no formalizar la unión con sus parejas. «No tengo nada contra el matrimonio —estuvo repitiendo Eddie Murphy durante años—, lo me espanta es el divorcio.» El cómico dejó de ser uno de los pocos solteros de oro de Hollywood en 1993, al casarse con su novia de siempre, con la que, para entonces, ya tenía dos hijos pequeños.

En Estados Unidos, los derechos económicos que genera la convivencia de hecho no son iguales en todos los estados de la Unión. Por ejemplo, William Hurt no tuvo que pagar nada a la bailarina

Sandra Jennigs en los ochenta, porque convivieron en Nueva York. En cambio, Clint Eastwood, al que le había costado 400 millones de pesetas divorciarse de su mujer, Maggie, tuvo que pagar, años después, 600 millones más a Sondra Locke, con la que había convivido durante años en California.

En el extremo opuesto, hay estrellas que no dejan de reincidir una y otra vez en el matrimonio. Zsa Zsa Gabor, una seductora impenitente, se ha casado ocho veces y Frank Sinatra cuatro. Al cantante se le ha llegado a atribuir tal número de romances que declaró: «Si hubiera tenido tantos idilios como se dice, ahora estaría hablando desde el interior de un frasco, en la facultad de medicina de Harvard.»

De sus cuatro esposas, la más joven fue Mia Farrow, con la que contrajo matrimonio cuando él tenía cincuenta años y ella sólo diecinueve. Ante la diferencia abismal de edad, la madre de ella, Maureen O'Sullivan, de cincuenta y cinco años, entonces famosa por su papel de novia de Tarzán, dijo: «Si el señor Sinatra quiere casarse con alguien, debería ser conmigo». Ava Gardner, ex esposa del cantante, apostilló: «Siempre supe que Frank acabaría en la cama con un chaval», en alusión al tipo andrógino de Mia.

La paradoja del caso es que muchos años más tarde, Mia Farrow ha visto cómo otra jovencita precoz, su hija adoptiva Soon-Yi, rompía sus doce años de relación con el director Woody Allen. El escándalo, cargado de terribles acusaciones recíprocas, conmocionó a Estados Unidos. Se hizo una miniserie de televisión sobre ellos y hasta la niñera de la familia, Kristi Groteke, aireó la intimidad de la pareja en su libro *Woody and Mia. The Nanny's Tale* (Hodder, 1994).

Los amores entre hombres maduros y jovencitas no son una novedad en Hollywood. A los veintinueve años, Charles Chaplin se casó con Mildred Harris, de dieciséis; a los treinta y cinco, con Lita Grey, de diecisiete; a los cuarenta y cuatro, con Paulette Godard, de diecinueve, y a los cincuenta y cuatro encontró la felicidad definitiva con Oona O'Neal, de dieciocho, hija del premio Nobel de Literatura Eugene O'Neal. Esa afición y sus opiniones políticas le costaron al cómico, que era ciudadano británico, la expulsión de Estados Unidos.

El director polaco Roman Polanski, otro reconocido asiduo de las jovencitas, tuvo que huir de la justicia americana en 1977, con cuarenta y tres años, por intentar violar a una menor de trece. El cineasta, que si vuelve a Estados Unidos iría a la cárcel, se enamoró después de Natassja Kinski, veinticinco años menor que él, y se ha casado con Emmanuelle Seigner, treinta y tres años menor. A ambas las lanzó al estrellato internacional con sus películas.

La mezcla de intereses profesionales con problemas de convivencia conyugal son la causa que acaba con el matrimonio de las estrellas. El 90 por 100 de las llamadas que recibía a diario Elliot Mintz, responsable de prensa de Melanie Griffith y Don Johnson, antes de su divorcio, eran para preguntar sobre la relación de la pareja. «Parecía que todo el planeta Tierra necesitaba tomarle el pulso a su unión —se quejaba Mintz—. ¿Puede un matrimonio aguantar tal escrutinio? El mío, no.»

Esa constante sensación de estar todo el tiempo en el punto de mira de la opinión pública, unida a la característica común a todos los actores de tener un ego hiperdesarrollado, provoca los inevitables celos entre la pareja. Un matrimonio de actores que compartían el mismo representante artístico, y no son Griffith y Johnson, le llamaban todos los días, por separado, para saber cuántas cartas de admiradores y ofertas de trabajo había recibido cada uno en las últimas 24 horas.

Según las encuestas, hoy, el 55 por 100 de los matrimonios que se celebran en Estados Unidos acaban en divorcio, pero los abogados divorcistas de las estrellas elevan esa cifra, para Hollywood, hasta un 80 por 100 del total. Mickey Rooney, casado en ocho ocasiones, daba su solución personal para paliar en lo posible el problema: «Hay que casarse a primera hora de la mañana; así, si la cosa sale mal, no pierdes el día entero.»

Lo que parece sólo un chiste adquiere consistencia si se recuerdan algunas de las uniones más breves del cine. Dennis Hopper estuvo casado ocho días con Michelle Phillips; Katharine Hepburn veintiún días con Ludlow O. Smith, y Drew Barrymore sólo pasó la noche de bodas con Jeremy Thomas, del que se separó veintinueve días después. La insólita boda de Julia Roberts y Lyle Lovett, el patito feo de la música *country*, sumó veintiún meses.

Para la doctora Carole Lieberman, conocida psiquiatra de Beverly Hills, «el mundo del espectáculo es tan inseguro y la búsqueda de la fama provoca tanta tensión, que en un momento de debilidad hay personas que se aferran a cualquiera que esté a su alcance, en busca de un sensación rápida de seguridad. Creo que ése fue el caso de Julia Roberts». La joven actriz ya había suspendido, en 1991, días antes de celebrarse, su boda con Kiefer Sutherland y dejó plantados a quinientos invitados.

Las bodas etílicas, celebradas en Tijuana (México), en plena juerga, son otra modalidad de ceremonia muy popular en Hollywood. El guionista Robert F. Slatzer ha jurado durante años que se casó allí con Marilyn Monroe, una noche de 1952, pero que Darryl Zanuck, magnate de la Fox, deshizo la unión. La actriz Daryl Hannah también tuvo su boda en México, a los veinte años, con el marino Mark Hilpen. «Al día siguiente —contó el fugaz marido—, nos arrepentimos y decidimos olvidarlo.»

Algo parecido debió de ocurrirle a la actriz Jean Acker, reconocida lesbiana, cuyo matrimonio con el mítico galán Rodolfo Valentino, el 5 de noviembre de 1919, duró sólo unas horas. Su estudio les ofreció una fiesta. La novia se excedió en la bebida, discutieron al llegar a la *suite* nupcial del hotel, ella cerró la puerta con llave y él pasó la noche de bodas en su apartamento, solo. El matrimonio no se consumó jamás y la pareja se separó días después de la ceremonia.

Antes de concluir los trámites judiciales de divorcio de su primera esposa, sin darse cuenta, se casó con la actriz Natacha Ramboba, también lesbiana. Acusado de bigamia, acabó en la cárcel, de la que salió sólo después de demostrar que no había consumado ninguno de sus matrimonios. Su virilidad quedó tan en entredicho por la noticia que en su lecho de muerte, agonizando de peritonitis, aún tuvo fuerza para preguntarles a los médicos: «De verdad, ¿tengo pinta de marica?»

El miedo que tienen las estrellas homosexuales, tanto hombres como mujeres, a ser descubiertas ha mantenido durante años la paradoja de hacer de Hollywood el único lugar de la Tierra en el que, al parecer, sólo hay heterosexuales. Bueno, en realidad, hay un sólo homosexual declarado, el magnate David Geffen, productor de *Entrevista con el vampiro* (1994), socio de Steven Spielberg e inmensamente rico.

Él fue el hombre con el que, supuestamente, se casó Keanu Reeves en la Navidad de 1994. El rumor de su unión en una ceremonia secreta era de conocimiento general en el mundo del cine, pero sólo se hizo peligroso para el actor al llegar a la prensa. Ante la avalancha de curiosos, Reeves negó conocer a Geffen y aseguro ser heterosexual, si bien no cerró otras posibilidades con un ambiguo, «pero nunca se sabe».

Sincero acto de amor, inocentada o montaje publicitario, una ceremonia como ésa supondría un desafío abierto a la implacable ley del silencio que se impone a los homosexuales en la meca del cine.

«Mientras te mantengas callado —resume el periodista gay Armistead Maupin—, serán los otros los que mentirán por ti. La prensa te inventará romances femeninos y todos sabrán lo que eres, menos el público.»

La ceremonia de entrega de los Oscar en 1992 fue una muestra de que las cosas quizá están empezando a cambiar. El premio a la mejor canción fue para la película de dibujos animados de Walt Disney *La bella y la bestia* (1991), cuyo letrista, Howard Ashman, homosexual, había fallecido poco tiempo antes víctima del sida. En su lugar, recogió el premio su compañero, que recordó su figura humana.

A las puertas del Dorothy Chandler Pavillion, lugar de entrega del galardón, los colectivos de gays y lesbianas se manifestaban contra el contenido homófobo de algunas de las películas nominadas, sobre todo de *Instinto básico* (1992) y de *El silencio de los corderos* (1991). La protesta incluía el *outing*, o sea, revelaba los nombres de las estrellas que, al parecer, esconden su homosexualidad.

Esta denuncia pública de famosos que ocultan sus gustos sexuales la puso en marcha, al final de 1989, el grupo radical «Queer Nation» (Nación Marica). Entre los afectados estaban Debra Winger, Tom Selleck, John Travolta, Richard Chamberlain, Whitney Houston, Richard Gere y Jodie Foster, que esa noche ganó su segunda estatuilla. Su pancarta decía: «Ganadora del Oscar. Licenciada en Yale. Ex estrella de Disney. Tortillera.»

Todos lo negaron. Tom Selleck ganó un pleito

contra la revista sensacionalista *The Globe* y John Travolta y Richard Gere estaban recién casados. Travolta con la actriz Kelly Preston, a la que había abandonado Charlie Sheen, y Gere con la modelo Cindy Crawford, otro nombre en entredicho. Gere y Crawford se gastaron 30.000 dólares en 1994, en un anuncio de una página en el diario *The Times*, de Londres, asegurando que eran heterosexuales y se querían. Al poco, se divorciaron.

Si se sabe que un actor es homosexual está acabado porque nadie volverá a confiar en él para personajes de galán o de tipo masculino. Está además el problema añadido de la muerte de Rock Hudson por el sida, tras la cual algunas actrices pedían certificados médicos a sus galanes o se negaban a besarles. Por último, las compañías de seguros han endurecido las condiciones que exigen a los actores para suscribir pólizas que cubran los rodajes.

El problema de las actrices lesbianas es similar al de los actores. Los productores consideran que no proyectarían una imagen creíble en papeles de *sex symbols,* los más habituales de las mujeres en Hollywood. Lesbianas notables fueron Barbara Stanwyck, Agnes Moorehead, Capucine, Judith Anderson, que era el ama de llaves de *Rebeca* (1940), y Edith Head, diseñadora de vestuario de *Eva al desnudo* (1950) y *El golpe* (1973), ganadora de ocho Oscars por su trabajo.

Las uniones duraderas de parejas homosexuales no son raras en Hollywood, a condición de que la estrella camufle a su compañero sentimental con el empleo, real o ficticio, de secretario o similar. Así lo hizo treinta años, hasta su muerte, Raymond Burr, el popular «Perry Mason», con su amigo Robert Benavides. Como dice Woody Allen: «No entiendo por qué no hay más gente bisexual si duplica tus posibilidades de ligar el fin de semana.»

5

MÁS FUERTE QUE EL ODIO

(Admiradores, la pesadilla de los famosos)

LA otra cara de la riqueza y la popularidad de los famosos son los admiradores. Fue precisamente la presión de sus cartas y de sus preguntas, en los primeros años del cine, la que dio lugar, en 1910, al nacimiento del fenómeno del estrellato en Hollywood. Son básicos para la carrera de cualquier artista, pero, también, su peor pesadilla y pueden llegar a convertir la vida de su ídolo en un infierno intolerable en la Tierra.

La curiosidad de un admirador no tiene límites conocidos. Joan Collins dejó de firmar autógrafos el día que estaba en el baño de un restaurante de lujo y vio cómo le deslizaban bajo la puerta un trozo de papel y un bolígrafo. La misma actriz, en 1987, tuvo que comprarse un triturador de basura y contratar un servicio privado de recogida, porque descubrió que el basurero de su calle se la vendía al mejor postor.

¿Qué se puede encontrar en el cubo de la basura de una celebridad de la pantalla? Lo mejor es preguntárselo a un experto en la materia, como Ward Harrison, que se considera un «basurólogo» o especie de arquéologo de nuestros días. En realidad, es un tratante en objetos usados, que descubrió, en 1976, mientras paseaba por Beverly Hills, que los deperdicios de los famosos, bien investigados, podían ser un filón de oro.

A lo largo de los años, Harrison ha recogido artículos tan dispares como el casco de piloto de carreras de Paul Newman, los guantes de boxeo de Burt Reynolds, los leotardos para adelgazar de Rita Hayworth, el diafragma de Natalie Wood, cartas de amor de Joanne Woodward a Paul Newman, objetos de cocina de Barbra Streisand, el expediente del FBI sobre Peter Lawford, una foto sexy de Candice Bergen y dos muñecas hinchables y usadas, de las que no ha desvelado el propietario.

Uno de sus mejores descubrimientos fueron los cientos de cartas que le habían enviado sus admiradores a Rock Hudson en sus últimos días de vida. Todas acabaron en la basura tras su muerte y, de ahí, a manos de Harrison que vendió veinticinco de ellas a la prensa por 1.000 dólares. El tono de las misivas no podía ser más deprimente. «¿Si tú te vas a morir de todos modos —le decían en una—, qué más te da comprarme un coche?»

En Beverly Hills está prohibido rebuscar en las basuras y a Ward Harrison le ha amonestado alguna vez la policía, pero no ha estado detenido nunca. Su actividad, al filo de la ley y de la ética, es sólo uno de los tantos negocios que tratan de satisfacer la demanda insaciable de los admiradores ávidos de hacerse con cualquier objeto que haya pertenecido a la figuras que idolatran. Cuanto más personal e íntimo, más cotizado es.

La oferta de *Norma's Jeans,* un servicio de venta por correo, establecido en Bethesda, Estado de Maryland, es más tradicional, pero no por ello menos atractiva y sorprendente. Por su catálogo han pasado joyas como los trajes de prueba de Judy Garland para *El mago de Oz* (1939), por 30.000 dólares; los panties que llevaba Michelle Pfeiffer en *Los fabulosos Baker Boys* (1989), por 395 dólares, y un sujetador blanco de encaje que usó en su día Jayne Mansfield, por 1.995 dólares.

El establecimiento, con 7.000 clientes, compra sus artículos a las productoras, personal relacionado con los rodajes y, en menor medida, a coleccionistas privados. ¿Para qué sirve ese tipo de recuerdos? Según el propietario, Richard L. Wilson, «las mujeres los quieren para ponérselos y los hombres para exhibirlos en casa». De hacerle caso, tienen un valor tan claro y tan en alza que en algunos bancos ya aceptan los más cotizados como posible aval para créditos.

La especialización en el mercado es tal que hay hasta una firma, también de venta por correo, que dispone de copias de los testamentos, actas de defunción e informes de autopsias de famosos. Se llama *Celebrity Collectables* y está radicada en Phoenix, Estado de Arizona. Por unos pocos dólares, al alcance de cualquier bolsillo, los clientes pueden elegir documentos de un catálogo con más de doscientos nombres de celebridades.

Los artículos más solicitados son el testamento de Cary Grant, con dieciséis páginas, y la autopsia de Marilyn Monroe, de contenido tristemente desmitificador. Aunque también están disponibles las últimas voluntades de Jean Harlow, Groucho Marx, Errol Flynn y Fred Astaire, entre otros. Todo es legal, porque en Estados Unidos, si se impugna un testamento, pasa de forma automática a hacerse público su contenido. Lo malo es que si no hay reclamaciones legales, se mantiene secreto. Por esa razón, hay ausencias tan notables como James Dean.

Las subastas, cada día más frecuentes, de empresas tan reconocidas como *Christie's* y *Sotheby's,* son otra forma de hacerse con objetos que han pertenecido a las estrellas. Sin olvidar las tiendas de coleccionistas, las ferias periódicas entre particulares y los congresos organizados por admiradores de un personaje concreto. El mercado es tan interesante que las propias productoras no se han resistido a participar en los elevados beneficios que puede reportar.

Un hito histórico lo marcó la subasta de toneladas de objetos y de trajes de películas de la Metro Goldwyn Mayer en mayo de 1970. El acto, que duró varias semanas, le reportó al estudio 4 millones de dólares y supuso el acta de defunción definitiva de la época dorada de Hollywood. Entre los objetos vendidos estaban los zapatos rojos que llevaba Judy Garland en *El mago de Oz* (1939), el taparrabos de

Tarzán y la cuadriga que guiaba Charlton Heston en *Ben-Hur* (1959).

Los estudios han creado su propio mercado, sumamente lucrativo, de productos dirigidos a los aficionados. Basta pensar en la oferta de muñecos, camisetas, dulces, ropa de cama y de hogar, gorras, artículos para el colegio y similares que acompañan en la actualidad el estreno de películas como *Tortugas Ninja* (1990), *Parque Jurásico* (1993) o cualquiera de las producciones de dibujos animados de la Walt Disney.

Los muñecos que reproducen en miniatura a las estrellas y personajes son muy apreciados por los coleccionistas, en el momento de ponerse a la venta, porque están de moda, caso de los protagonistas de la teleserie *Sensación de vivir.* Luego, cuando se pasa la fiebre inicial, porque son difíciles de encontrar, como los que salieron de John Travolta y Farrah Fawcett en los años setenta. La ropa de la muñeca de Brooke Shields tenía la peculiaridad de que era intercambiable con la de la popular Barbie.

Entre todos los objetos que se pueden vender, y se han vendido todos los que pueda imaginar, el que más conmueve a los cinéfilos es la estatuilla del Oscar. En realidad, la Academia de Artes y Ciencias Cinematográficas, que lo concede, prohíbe su venta a los ganadores, salvo a esa institución y por el precio simbólico de un dólar. Sin embargo, nadie parece haber cumplido con ese compromiso que se adquiere al ganar.

Las estatuillas se han vendido durante años en

acuerdos privados muy lucrativos realizados por los herederos de las personas que las recibieron. En los años ochenta, la moda de las subastas llegó a los Oscar. Así, el trofeo a la mejor película que recibió *Un americano en París* (1951) alcanzó los 15.750 dólares, en marzo de 1988. Poco después, el Oscar de Marlon Brando por *La ley del silencio* (1954), que el actor había regalado a un amigo, se vendió por 13.500 dólares.

Una película de éxito puede convertirse también en una fuente de riqueza o en la peor de las pesadillas para el lugar en el que se rodó. En ambos extremos, el erotismo exótico y los mensajes sexuales de *Emmanuelle* (1974) fomentaron una ola de turismo hacia Tailandia, mientras que Turquía tardó años en borrar la imagen terrible que ofrecía de sus cárceles y, por extensión, del país, *El expreso de medianoche* (1978).

La *suite* del hotel Regent Beverly Wilshire en el que Julia Roberts enamoraba a Richard Gere en *Pretty Woman* (1990) es uno de los alojamientos más solicitados de Estados Unidos. Más aún, el idilio que vivían Clint Eastwood y Meryl Streep en *Los puentes de Madison* (1995) ha animado a parejas de todo el mundo a casarse en el puente de la localidad de Winterset, en Iowa, donde se rodó el filme. Una agencia de viajes de Japón, incluso lo ha incluido en sus ofertas para enamorados.

Fuera del ámbito de las estrellas y los rodajes, se cotiza también mucho entre los aficionados el material de promoción de las películas. O sea, fotografías, diapositivas, información de prensa, carteles, programas de mano y guías del exhibidor. Aquí, también hay rarezas. Por ejemplo, los pocos carteles que se hicieron de *El retorno del Jedi* (1983) con su título primitivo de trabajo *Revenge of the Jedi (La venganza del Jedi)*, hoy se venden a varios cientos de dólares.

Los que tienen curiosidad por los objetos que rodean al mundo del cine y las estrellas, pero no quieren o no pueden comprarlos, siempre pueden acudir a los museos dedicados al séptimo arte. La verdad es que no son muchos en el mundo. Más asequibles resultan los restaurantes de comida rápida *Planet Hollywood*, decorados con recuerdos auténticos de películas. La cadena, propiedad de Bruce Willis, Sylvester Stallone y Arnold Schwarzenegger, tiene sucursales por todo el mundo.

Hay muchas personas interesadas en el cine que compran eventualmente algún recuerdo de aquella película que les conmovió o de las estrella de sus sueños. Ya son menos las que llevadas por su grado de admiración deciden agruparse en asociaciones con otras personas que comparten su misma afición. Las posibilidades son inmensas y no se limitan a los actores de carne y hueso, ni siquiera a los vivos.

La marca, sin superar hasta la actualidad, de cartas remitidas a una estrella la ostenta el ratoncito Mickey Mouse, que en 1933 recibió 800.000, lo que da una media de 66.000 al mes. Todas dirigidas a él y no a sus dibujantes. En su caso, estaba claro que nadie esperaba una respuesta personal del ídolo. La duda surge cuando se trata de actores vivos. ¿Quién contesta realmente las cartas que les envían sus admiradores?

«Yo solía contestar —contaba Robert Mitchum—. Terrible equivocación, porque luego se me presentaban en casa. Era mi mujer la que respondía en la puerta: "Se han ido todo el verano y yo soy sólo su ama de llaves."» Marlene Dietrich, en cambio, contestó siempre, personalmente, a todas las cartas que recibía, que hasta su muerte, en 1992, eran unas 200 diarias, a pesar de llevar retirada de la pantalla varias décadas.

En Hollywood, donde todo se fabrica de modo industrial, hasta los sueños, ni que decir tiene que éste fue un detalle resuelto desde el principio. Cuando las estrellas trabajaban para los estudios, eran éstos los que tenían secretarias con la única misión de responder. Como curiosidad, recordar que el primer trabajo que tuvo Jack Nicholson en el cine fue en la Metro Goldwyn Mayer clasificando la correspondencia de Tom y Jerry, los personajes de dibujos animados.

Una vez desmantelado el sistema de estudios, nacieron empresas especializadas, como «Fan-Handle», «United Mail Fan Service» y «Studio Fan Mail Service». Algunas se molestan en personalizar la respuesta con unas letras manuscritas que hagan alusión al texto del admirador, y otras se limitan a enviar una foto, a color o en blanco y negro, con la firma de la estrella estampada con una máquina especial. Eso no quiere decir que todas las cartas no lleguen al ídolo.

En las agencias más cuidadosas un promedio optimista de una de cada diez se apartan para comentarlas con el actor. Como parece lógico, tienen preferencia las peticiones de los niños enfermos. Es decir, que unos pocos afortunados sí que reciben respuesta personal de la estrella. Cuando llegan anónimos amenazadores, el servicio los pasa a la policía para que tome las medidas que considere oportunas.

Junto a las consabidas felicitaciones por películas que no han hecho ellos los astros están ya acostumbrados a recibir casi cualquier cosa. «Canadá es el sitio de donde llegan la mayoría de cartas increíbles —se sinceraba, en los setenta, Burt Reynolds—. Al parecer hay un montón de mujeres frustradas allí. Algunas chicas me enviaban sus fotos desnudas y una de ellas incluyó vello pubiano envuelto en papel de cera. Sus propuestas no eran, desde luego, de matrimonio.»

Lo mejor de todo es que ese sistema, a veces, sí funciona y la cenicienta se lleva al héroe. Ocurrió en diciembre de 1984, cuando la escultural modelo danesa Brigitte Nielsen, de veintiún años, que admiraba a Sylvester Stallone desde que era una colegiala, le envió al hotel en el que se hospedaba una foto posando prácticamente desnuda, con un texto breve invitándole a pasar con ella cualquier tarde que estuviera aburrido.

El actor, que se había separado un mes antes de su primera esposa, Sasha Czack, se había tomado un respiro en el rodaje de *Rocky IV* (1995) y estaba alojado en la *suite* de un hotel de Nueva York cuando recibió la sugerente propuesta de Brigitte. Esa misma tarde, que llovía a cantaros, cogió un taxi y fue directo al apartamento de la modelo. Lo suyo fue amor a primera vista. Le dio un papel en la película y se casaron justo un año después, para divorciarse en 1987.

El mismo procedimiento dio resultado años después con Luke Perry, el galán de la serie de televisión *Sensación de vivir.* Una secretaria le envió la siguiente carta en papel de la empresa donde trabajaba: «Estimado señor Perry, le adjunto una fotocopia de mis pechos. Si tuviera algún interés en inspeccionarlos más de cerca, por favor, no dude en contactar conmigo. Es un placer hacer negocios con usted. Espero que hablemos pronto. Suya, de verdad. Minnie Sharp.»

La muchacha acudió a su primera cita en casa del actor con un paquete de tabaco en una mano y una muda de ropa limpia en la otra, por si acaso la velada se alargaba, como de hecho ocurrió. Se vieron alguna vez más y unos días después se mudó a vivir con Perry. La pareja se casó en noviembre de 1993. Aunque no es, desde luego, lo habitual, al menos en estos dos casos se cumplió el sueño como en un cuento de hadas.

No todos los admiradores se casan con la estrella que les gusta, pero eso no quiere decir que algunos no acaben ante el altar gracias a ella. Por lo menos, los clientes de «Movie Lovers», una curiosa agencia creada en los años ochenta para facilitar las relaciones sentimentales entre parejas con los mismos gustos cinematográficos. En sus cupones de inscripción, además de las preguntas de rigor, estaba previsto que cada socio confeccionara una lista con sus películas preferidas.

La iniciativa, que no deja de ser ingeniosa, pasaba por alto un detalle esencial. El primer objeto de interés para un admirador es su ídolo, al que dedicará todo su tiempo. Son muchas las maneras en las que se puede rendir culto a los famosos. Por ejemplo, pasándose a limpiar con regularidad, para que estén siempre bien brillantes, las estrellas que jalonan la acera del Boulevar de la Fama de Hollywood.

Los hay que tienen la afición de fotografiarse junto a todas las celebridades que tienen cerca y como se pasan el día persiguiéndolas, siempre hay una nueva con la que retratarse. La prensa americana les dedica reportajes de vez en cuando. «Es la mejor afición que se puede tener a los quince años», decía en la revista de cine *Premier* el adolescente Blake Le Vine, de Melville, Nueva York, rodeado de famosos en multitud de fotos.

La situación adquiere giros peligrosos cuando lo que es una afición acaba por ocupar toda la actividad diaria. Es el caso de Paul Walton, de San Diego, al filo de los cuarenta años, que en la revista *People* contaba cómo podía mantenerse de las rentas de una indemnización laboral que le permitía cubrir el gasto de 72.000 dólares anuales, necesario para perseguir a actores, cantantes y políticos a lo largo de todo el país.

Más preocupante, aún, parecía la actitud de Joseph Campbell, de Mississippi, entrado en los cincuenta, que confesaba que llevaba décadas persiguiendo estrellas. En los últimos años, se había divorciado y liquidado una cadena de tiendas que tenía para no perder el tiempo en otras cosas. Como iba solo, la foto con Harrison Ford se la tuvo que hacer Melannie Griffith y la de Jill Claybourg se la sacó George C. Scott. Eso no fue ningún obstáculo para él.

Los restaurantes son uno de los lugares preferidos de este tipo de admiradores para cazar famosos. En uno, Robert De Niro protagonizó un incidente con una chica que celebraba su cumpleaños. Ella grababa su fiesta con una cámara de vídeo, cuando la mala suerte quiso que al pasar junto a la mesa del actor le filmó a él también. De Niro se levantó gritando que había invadido su intimidad, le quitó la cámara y destrozó la cinta, que llevaba todas las imágenes del cumpleaños.

La mayoría de encuentros entre los admiradores y las estrellas no resultan agradables. Entre otras razones porque, cuando no se tiene práctica en hacerlo, suele elegirse el peor momento para acercarse a ellos. Sólo cuando se llega a hacer de esta afición casi una profesión, como los mencionados Blake Le Vine, Paul Walton y Joseph Campbell, se desarrolla una técnica adecuada para aproximarse sin molestar ni ser rechazado.

Hay que tener en cuenta que estos admiradores expertos no sólo andan detrás de estrellas del mundo del espectáculo. Les gusta también codearse con políticos y jefes de Estado que gozan de medidas de protección realmente estrictas. El consejo del veterano Joseph Campbell se resume en tres reglas de oro: llegar antes que el personaje, vestir de forma adecuada a cada ocasión y no hacer nada que pueda resultar sospechoso.

El ansia por compartir cosas con las estrellas lleva a algunos de sus admiradores a imitar en lo posible su aspecto físico o el de alguno de sus personajes de ficción. Hay casos extremos, como el de un enfermero italiano, Marco Ricci, que se sometió a seis intervenciones quirúrgicas complejas para parecerse lo más posible al cantante Michael Jackson. Nada queda ya de su barbilla original, lo mismo que de su pelo, la forma de los ojos y la nariz con la que había nacido.

Sin llegar a esos extremos, son frecuentes los imitadores de figuras como Elvis Presley, Charles Chaplin y Marilyn Monroe, que organizan concursos para competir entre ellos. Un rito también habitual entre los aficionados es ir a ver sus películas de culto vestidos como los protagonistas. Entre otras, ocurre con *The Rocky Horror Picture Show* (1975), *Granujas a todo ritmo* (1980), *Reservoir Dogs* (1992) y *Las aventuras de Priscilla, reina del desierto* (1994).

Estas aparentes locuras de los seguidores tienen mucha más influencia sobre la carrera de sus ídolos de lo que pueda parecer a simple vista. Sus aluviones de cartas, aunque no obtengan siempre respuesta, no caen por eso en saco roto. Sirven de termómetro a representantes y productores para recordarles el atractivo que ejerce un intérprete sobre el público. A veces, su peso es decisivo para lograr un papel.

En junio de 1938, el productor David O. Selznick lanzó un globo sonda, informando de que la pareja protagonista de su esperada película *Lo que el viento se llevó* (1939) serían Clark Gable y Norma Shearer. La reacción de los admiradores de la actriz canadiense, por entonces casada con Irving Thalberg, jefe de la Metro Goldwyn Mayer, fue tan negativa, que la diva no dudó en rechazar el personaje, que calificó de «difícil e ingrato».

Unos años antes, el público había marcado también el destino en Hollywood de una joven actriz llamada Lucille Le Sueur. Su nombre no acababa de convencer a los responsables de la Metro Goldwyn Mayer porque sonaba a francés y, además, al pronunciarlo, podía confundirse con la palabra inglesa «cloaca» *(sewer)*. Sin saber muy bien qué hacer, optaron por organizar una encuesta nacional entre los lectores de la revista de cine *Photoplay* para rebautizar a la muchacha.

El nombre que ganó fue el de Joan Arden, sin embargo, poco después, se descubrió que había otra intérprete en el estudio que se llamaba así. Fue entonces cuando Lucille Le Sueur recibió el apelativo de Joan Crawford, con el que alcanzó la cima del estrellato. No antes de librar una dura batalla con Norma Shearer, su eterna rival. «Cómo puedo competir con ella —se lamentaba—, si se acuesta con el jefe.»

El perder un poco la cabeza por las estrellas ha sido, y es, también una pasión de personas famosas e ilustres. Un buen ejemplo actual es la serie *Star Trek,* nacida en televisión, pero llevada varias veces al cine. Entre sus incondicionales, apodados *trekkies,* se cuentan el científico inglés Stephen Hawking; el general Colin Powell, cerebro de la guerra del Golfo; los escritores Ray Bradbury e Isaac Asimov; el director Steven Spielberg y los cantantes Paul McCartney y Elton John.

Nada nuevo bajo el sol. Magnatarios de todos los signos han sido grandes aficionados al cine. Se dice que Adolf Hitler estaba tan fascinado por Greta Garbo que tenía copia de todas sus películas. Nicolás Ceausescu, el depuesto jefe de Estado de Rumania, veía una vez por semana, como mínimo, *El gran Gatsby* (1974). El presidente Bill Clinton siente debilidad por *Solo ante el peligro* (1952) y hasta el papa Juan Pablo II pidió conocer a la actriz y cantante inglesa Patsy Kensit.

Ni siquiera la muerte de la figura idolatrada rompe el lazo con sus seguidores. El caso más claro fue el de Rodolfo Valentino, cuyo fallecimiento, en 1926, produjo una ola de suicidios entre el público femenino. Su nicho, el 1.205 del Hollywood Memorial Park, es lugar de peregrinación para los cinéfilos. En 1980, un aficionado pagó 30.000 dólares, diez veces su valor real, por el nicho que está justo encima del que ocupa Marilyn Monroe en el Westwood Memorial Park.

Cada año, miles de curiosos van al monumento

levantado donde murió James Dean. La marca la bate el Forest Lawn Memorial Park, cementerio en el que yacen Jean Harlow, Errol Flynn, Humphrey Bogart y Buster Keaton, que recibe un millón de visitantes al año. Lauren Bacall puso en la urna de Bogart un silbato de oro con la inscripción «Si necesitas algo, silba», su frase en *Tener o no tener* (1944). En el ataúd de Flynn, se dice, sus colegas metieron seis botellas de whisky.

En cambio, nadie visita la tumba del ídolo nacional de Estados Unidos, John Wayne, en el Pacific View Memorial Park de Newport Beach, en California. La razón es sencilla. Para evitar que el lugar sagrado fuera un centro de peregrinación de turistas, por expreso deseo de su familia no hay nada que la identifique. El día del entierro se cerró el camposanto y a la mañana siguiente, los curiosos encontraron cinco tumbas, con la arena removida y sin lápida alguna, para despistarles.

Sólo hay algo que aterre más a una estrella que perder el favor de su público y es llegar a convertirse en su víctima, como le pasó al cantante John Lennon. A estos admiradores obsesivos, en inglés, les llaman *stalkers,* o sea cazadores al acecho. Su presa preferida son las celebridades, a las que someten a un terrorífico juego del ratón y el gato. En Hollywood, todas las estrellas saben lo que es el acoso de un desequilibrado.

En 1981, John W. Hinckley, un obseso de Jodie Foster, atentó contra Ronald Reagan, entonces presidente de Estados Unidos, para llamar la atención de la actriz. Michael J. Fox recibió, en el plazo de dos años, más de seis mil cartas con las amenazas de una perturbada. A Sylvester Stallone le enviaron un retrato de John Lennon, a Cher una oreja humana con restos de sangre y Olivia Newton-John encontró a su perro muerto junto al mensaje «Necesito matarte».

Noviazgos, bodas y el nacimiento de los hijos de los astros del cine provocan la ira de muchos de sus admiradores. El problema es que no siempre es fácil perseguir, con la ley en la mano, a estos peligrosos individuos. Su acción, a veces, se limita a mensajes del tipo «sigo todos tus pasos» o «estaré allí donde tú estés», que no pueden considerarse exactamente como amenazas. Además, su habilidad para esconderse hace muy difícil localizar el lugar de procedencia de sus cartas.

Ante ese estado de indefensión, famosos como Clint Eastwood, Cybill Shepherd y Halle Berry han decidido ir siempre armados. Otros, como Eddie Murphy y Sharon Stone prefieren rodearse de guardaespaldas, mientras que Julia Roberts tiene en casa una pistola *Smith & Wessom* del calibre 35 que se compró durante su matrimonio con el cantante Lyle Lovett, firme partidario de la venta libre de armas de fuego.

El pánico ha llevado a muchas estrellas a convertir sus mansiones en verdaderas fortalezas, en las que se mantienen a salvo de cualquier peligro. Marlon Brando, Dianne Keaton, Al Pacino y Victoria Principal han optado por esa solución. En cambio, John Travolta y su mujer Kelly Preston, Madonna y

Cher han tenido que huir de su casa en alguna ocasión, atemorizados e indefensos ante la facilidad con la que recibían amenazas.

El único remedio que les queda a actores y actrices que viven en el punto de mira de uno de estos dementes es Gabin De Becker. Un curioso detective privado, especialista en lo que él llama, con delicadeza, «correspondencia inconveniente». Su método consiste en procesar todas las cartas amenazadoras con un programa informático de invención suya que le permite juzgar el grado de peligrosidad real que ofrecen los remitentes.

En 1980, consiguió alejar de Olivia Newton-John a dos hombres que la hostigaban y que, después, cometieron crímenes brutales contra otras personas. Él llevó la campaña de prensa que evitó la excarcelación del hombre que en 1982 acuchilló casi hasta la muerte a Theresa Saldaña, intérprete de *Toro salvaje* (1980). También él desempolvó una olvidada ley del Estado de California con la que logró librar a Michael J. Fox, su mujer y su hijo de la mujer que los aterrorizaba.

Sus honorarios son muy elevados y no están al alcance de la mayoría de los mortales, pero en Hollywood se pagan sin discutir porque los resultados de su trabajo merecen la pena. Gracias a sus servicios, estrellas como Madonna, Robert Redford, Jessica Lange, Warren Beatty, Dolly Parton y John Travolta, así como sus familias, han vuelto a poder conciliar el sueño tras sufrir la peor pesadilla, la fama incontrolada.

6

MATRIMONIO DE CONVENIENCIA

(Las difíciles relaciones con la prensa)

EL deporte preferido de las estrellas es querellarse con la prensa. Por ejemplo, Clint Eastwood demandó a la revista *National Enquirer* por publicar sin autorización una foto de su hija; Harrison Ford, al dominical inglés *News of the World*, por decir que se portó como un cobarde al rodar *Indiana Jones y la última cruzada* (1989), y Whitney Houston, al diario *New York Post*, que le atribuyó un colapso cardiaco por sobredosis de píldoras para adelgazar.

La mayoría de esas querellas se resuelven fuera de los tribunales, con sustanciosas indemnizaciones económicas, porque tras la disculpa de la defensa del derecho al honor lo que late es el deseo de las estrellas de participar también de los beneficios de un negocio millonario basado en su imagen. Además, los datos revelados, que van desde unas cartas de amor a un diagnóstico médico, suelen ser ciertos, el problema es que se obtienen de forma ilegal o poco ética.

Las relaciones de la prensa con las estrellas se han hecho tan complejas en Hollywood que es imposible llegar a ellas sin pasar antes por el filtro de sus oficinas de relaciones públicas. La más famosa de todas, la temida y aborrecida PMK, dirigida con puño de hierro por la sexagenaria Pat Kingsley, tiene como clientes, entre otros, a Tom Cruise, Al Pacino, Demi Moore, Robert Redford, Cher y Richard Gere.

«Las revistas han sido las que siempre nos decían qué hacer —ha explicado Kingsley—, pero se ha acabado para siempre eso de que sean los directores de prensa los que manden. Antes las revistas se vendían por sí mismas, ahora necesitan a los famosos, incluso las publicaciones de moda, y eso ha cambiado las reglas.» La tragedia vivida por Gerard Depardieu con el semanario *Time*, marcó el destino de la prensa en Hollywood.

Tras conquistar Europa, Depardieu planeaba un desembarco triunfal en Estados Unidos. Iba favorito al Oscar por *Cyrano de Bergerac* (1990), y quiso darle un empujón al destino con una entrevista al *Time*. Sin embargo, un error de traducción del verbo *assister* acabó con su sueño. Donde él había dicho, en francés, que de chaval había presenciado (asistido a) la violación de unas niñas, el entrevistador escribió en inglés, que había ayudado (asistido) a la violación de unas chicas.

Una sola palabra le hizo parecer como un odioso violador infantil que se vanagloriaba de su abominable pasado. No sólo perdió el Oscar, además levantó las iras de organizaciones femeninas, como la National Organisation of Women y se le cerraron las puertas de América. Aunque causó un daño enorme a la carrera del actor, la revista *Time* jamás publicó un desmentido o una disculpa por el error de su reportero.

El incidente recordó a muchos épocas pasadas, cuando no había peor pesadilla para una estrella que enemistarse con las periodistas Louella Parsons o Hedda Hopper. Sus nombres hoy no dicen nada, pero en los años treinta, sus columnas de chismes eran seguidas a diario por 75 millones de lectores, lo que les otorgaba el poder de acabar con cualquier carrera. La prensa jamás tuvo tanto poder en el mundo del cine como con ellas.

Impusieron su reinado tiránico en Hollywood desde mediados de los años veinte hasta finales de los años sesenta e inventaron una forma de informar sobre los famosos que aún pervive. Llegaron a ser tan temidas que, en 1971, cinco años después de morir Hedda y meses antes de fallecer Louella, el escritor George Eells, autor de *Hedda and Louella* (Putnam, 1972), no logró que nadie en Hollywood le hablase sobre ellas.

«Por las respuestas que recibí al documentar el libro —confiesa Eells—, parecía que buscaba un secreto de la CIA o de un jefe mafioso.» Años antes, el actor inglés Peter Sellers se había enfrentado a Hedda y Louella: «Para gustarles —ironizó—, hay que llevar un traje de barras y estrellas como la bandera americana, colgarse al cuello un cartel que diga "Adoro Hollywood", invitarles a cenar, regalarles rosas, limpiarles los zapatos y, encima, declarar: "Os amo a todas."»

El poder de Louella Parsons (nacida Louella Oettinger) procedía más de lo que ocultaba que de lo que contaba. Llegó a Hollywood en noviembre de 1924, invitada por la actriz Marion Davies, de veintisiete años, a la fiesta que daba en su yate su amante, el magnate de la prensa William R. Hearts, de sesenta y dos años. Durante la travesía, en plena noche, tuvo lugar uno de las tragedias que han conformado la leyenda negra del cine.

Hearts descubrió a Marion con Charles Chaplin en una postura más que comprometida, lo que confirmó sus sospechas de que su joven protegida le engañaba con el genial cineasta. En un ataque de celos se lió a tiros y una bala perdida le dio en la frente a otro invitado, Thomas H. Ince, el director que sentó las bases del *western*. Los médicos certificaron muerte por «indigestión aguda», Hearts echó tierra al incidente y Louella ganó, con su silencio, un contrato de por vida para escribir desde Hollywood en los diarios del magnate.

Pronto se hizo sentir en la meca del cine la presencia de la nueva reportera del grupo Hearts. Su columna de chismes, publicada en diarios de todo el país, supuso una novedad con respecto a las inofensivas revistas para fans que existían hasta entonces. El cambio no gustó demasiado a los estudios, que temían perder el férreo control que habían ejercido hasta entonces sobre la imagen pública de sus estrellas.

Los departamentos de prensa de las grandes productoras tenían la misión de alimentar a los diarios, revistas y emisoras de radio con material no comprometedor, muchas veces inventado, de los famosos. Con esa táctica colmaban la curiosidad de los aficionados y, a la vez, mantenían la atención del público alejada de los no pocos escándalos en los que se veían implicados con frecuencia sus ídolos.

La manipulación del nunca aclarado suicidio, en 1932, del marido de la actriz Jean Harlow, el escritor Paul Bern, veintidós años mayor que ella, muestra cómo funcionaba la cobertura de los estudios. El mayordomo que encontró el cadáver lo primero que hizo fue telefonear a la Metro Goldwyn Mayer. Al poco, aparecieron Louis B. Mayer e Irving Thalberg, cabezas del estudio, retocaron el lugar de los hechos, escondieron la nota de suicidio y dos horas más tarde llamaron a la policía.

Louella Parsons no fue precisamente la más refinada de las periodistas, pero sabía bien cómo hacer su trabajo. Sabía todo lo que ocurría en Hollywood y lo contaba al mundo cada mañana desde su temida columna. Su red de informantes abarcaba telefonistas, porteros, floristas y enfermeros. Siempre fue la primera informando de embarazos, ya que recibía los resultados de los análisis incluso antes que las actrices interesadas.

Creó una forma de periodismo que pronto tuvo multitud de imitadores y reunió hasta cuatrocientos corresponsales en Hollywood, cifra sólo superada por la prensa acreditada en la capital del país, Washington. Los textos de Louella se publicaban en seiscientos diarios de todo el mundo y durante la segunda guerra mundial el editor del *Advertiser* de Honolulú le comunicó que por falta de papel tenía que reducir en un tercio su diario, pero que su columna seguiría igual, porque era esencial para los lectores.

El reinado en solitario de Louella en la meca del cine terminó a finales de los años treinta, cuando la ex actriz Hedda Hopper (nacida Elda Furry) inició su propia columna de cotilleos. Al principio, magnates y estrellas ayudaron a la recién llegada con la esperanza de reducir el poder acumulado por Louella. No tardaron mucho en comprender su error al comprobar que habían creado otro monstruo similar al original.

Hubo incluso un efecto imprevisto. Durante muchos años Louella y Hedda se odiaron a muerte, lo que significaba que ser amigo de una de ellas implicaba de forma casi automática tener a la otra como enemiga. Algo que nadie en su sano juicio deseaba. Conservadoras a ultranza, colaboraron con la Caza de Brujas (ver capítulo «Desafío total») y reservaron su peor veneno para los mayores genios, como Orson Welles, Charlie Chaplin, Greta Garbo, Katharine Hepburn y Laurence Olivier.

El final del sistema de estudios, el nacimiento de la televisión y el creciente interés por las estrellas de la música y el deporte arrinconó al temible tándem de comadres de Hollywood, que pasaron sus últimos años como una grotesca caricatura de lo que habían sido. Sin embargo, otros siguieron su escuela y durante los años cincuenta surgió *Confidential*, la revista que hizo temblar los cimientos del cine.

Apareció en 1952 bajo el lema clarificador de «Contamos los hechos citando los nombres.» Para cuando se desvaneció, acosada por los pleitos, en 1957, alcanzaba tiradas de 4 millones de ejemplares. Sus exclusivas levantaban pasiones entre los lectores y también entre los propios interesados. El padre de Grace Kelly, una vez, incluso trató de destrozar la redacción tras leer un comprometedor artículo sobre su hija.

Confidential destapó multitud de escándalos, pero no se atrevió a revelar el mayor de ellos, la homosexualidad de Rock Hudson. En 1954, el actor alcanzó el estrellato, como pareja de Jane Wyman, en el melodrama *Obsesión*. Justo entonces, el editor de la revista se puso en contacto con los responsables de la Universal, el estudio de Hudson, para informarles de que tenían pruebas para publicar la historia.

Atemorizados, los productores silenciaron el escándalo ofreciéndole a cambio a *Confidential* otro chivo expiatorio como recompensa por su colaboración. La víctima fue George Nader, un aspirante a actor, habitual de las revistas para fans, que vio truncada para siempre su carrera en el cine. Por su parte, Hudson acalló los rumores con un matrimonio de conveniencia en 1955 con la secretaria Phyllis Gates.

El incidente pone en evidencia la verdadera naturaleza de las relaciones entre Hollywood y la prensa. A los periodistas les gusta presumir de una independencia que no es del todo real. Cualquier informador con una mínima experiencia sabe que el mantener abiertas las puertas de las casas de los famosos y de los despachos de los magnates de los estudios tiene un precio que, a veces, exige no publicar una exclusiva.

No hay mejor activo profesional para un periodista o un medio de comunicación que tener en la agenda a una estrella a la que se ha hecho un favor. Si bien, por regla general, los medios justifican con otro tipo de razones la no publicación de algunas exclusivas. Esas explicaciones, la voluntad de no causar un daño innecesario y el ejercicio responsable de la profesión, suelen ocultar el miedo a las querellas.

El juego de favores, en contra de la opinión general, no se limita a la prensa sensacionalista y es práctica habitual incluso en medios tan prestigiosos como las revistas *Time* y *Life*. Dos casos históricos, con estrellas del calibre de Jack Nicholson y Marilyn Monroe, ilustran bien cómo las respectivas actuaciones de esas publicaciones influyeron de forma muy importante en la imagen pública de ambos ídolos.

El magnífico trabajo de Jack Nicholson en *Chinatown* (1974) supuso su ascensión al estrellato internacional y la revista *Time* quiso inmortalizar el acontecimiento dedicándole su codiciada portada y un amplio reportaje interior. Cuando los informadores visitaron Neptune (Nueva Jersey), su ciudad natal, descubrieron que la familia del actor había ocultado el hecho de que era hijo ilegítimo.

Como tanto su madre aparente, en realidad su abuela, como su madre biológica, que se hizo pasar siempre por su hermana mayor, habían fallecido, la revista se dirigió a Nicholson para confirmar la veracidad de la historia. Para su sorpresa, el actor, con treinta y ocho años entonces, no sabía nada y se enteró de su propio pasado por los informadores. Aunque el dato fue plenamente confirmado, *Time* lo omitió de su gran reportaje y no se hizo público hasta diez años después, en 1984.

En el caso de Marilyn Monroe, nunca hubiera sido una estrella sin el apoyo que recibió en 1952 de la revista *Life,* por entonces la más popular del mundo, con una tirada de ocho millones de ejemplares. La carrera de la actriz empezaba a despegar con pequeños papeles para la 20th Century Fox, en títulos como *Niebla en el alma* (1952), cuando le confesó al reportero Stanley Flink el problema que amenazaba su futuro.

Tres años antes, en 1949, cuando era una desconocida y apenas tenía para comer, había posado desnuda, por 50 dólares, para un calendario. La foto, hoy un clásico, tuvo un éxito sin precedentes. La tragedia era que al hacerse famosa, la gente se dio cuenta de que ella era la modelo hasta entonces anónima del almanaque. Adivinando el escándalo, un ejecutivo del estudio le planteó negar la evidencia o afrontar la ruina.

Life le dedicó a Marilyn, que aún sólo era una *starlett,* su portada del 7 de abril de 1952. En páginas interiores, se narraban las dificultades de una actriz para abrirse camino en Hollywood y se reprodujo una foto pequeña del desnudo, con el pie: «Tuvo incluso que posar para un calendario, por necesidad perentoria de unos pocos peniques.» El reportaje creó una gran corriente de simpatía hacia ella, que al leerlo, reconoció, llorando, que Flink y la revista le habían salvado la vida.

El intercambio de favores, habitual en la práctica periodística, es más importante en el mundo del cine, cada día más hermético a la prensa. Charles Fleming, del prestigioso semanario *Newsweek*, lo resumía en 1994: «Si estuviera en Detroit, sabría cosas de la industria del automóvil; si trabajara en Nueva York, sabría de la bolsa o la mafia, pero en Hollywood es imposible descubrir nada sobre las estrellas.»

Otra peculiaridad del ejercicio del periodismo en la meca del cine hace referencia a la cultura del regalo. «Nunca había visto nada igual en otra industria —ha reconocido un redactor de la revista profesional *Hollywood Reporter*—. Publicas cualquier historia y al día siguiente tienes vino o bombones en tu escritorio. En 1983, recibí sesenta y cuatro regalos de Navidad, desde cajas de vino a jarrones y camisas, pero sobre todo, vino y licores. El año anterior, incluso recibí un aparato de vídeo.»

No hay que dejarse engañar por tanta atención. Desde que desapareció el sistema de estudios y las estrellas se hicieron profesionales autónomos, los antiguos departamentos de prensa de las productoras han sido sustituidos por las agencias de relaciones públicas. Su único fin es impedir que la prensa pueda llegar libremente a sus representados para que así los periodistas tengan que escribir al dictado de sus deseos.

Peter Bart, director de *Variety*, la revista profesional considerada la Biblia del mundo del espectáculo, con la que se desayunan a diario los magnates y estrellas de Hollywood, describió en noviembre de 1993 la situación en un escalofriante y excelente artículo, como todos los suyos. En él, abordaba el caso extremo de Tom Cruise como paradigma de la estrella que no se pone ante un periodista si antes no le garantizan que podrá controlar por completo el contenido de la entrevista.

El proceso para llegar a Cruise es humillante y difícil. Primero, su relaciones públicas trata de que la publicación que quiere la entrevista le remita las preguntas a su oficina. En teoría, ella se las hace llegar al actor, éste las responde y ella las devuelve al medio de comunicación. En la práctica, el responsable de la publicación que acepta este trámite no tiene forma de saber quién ha contestado de verdad a sus preguntas.

Si el medio de prensa es importante, con fuerza para rechazar las respuesta por escrito, se abre para él otro calvario de humillaciones. La revista deberá someter a la aprobación de la agente de Cruise una lista de tres redactores para hacer la entrevista. Una vez aceptado, antes de hablar con el actor, el candidato se ve obligado a firmar un contrato por el que se compromete a preguntar sólo sobre ciertas cosas.

La relaciones públicas del astro dio un paso más en sus exigencias en la rueda de prensa de promoción de la película *Un horizonte muy lejano* (1992). Cada periodista tuvo que firmar un contrato por el que las entrevistas que hicieran a Cruise, Nicole Kidman o el director Ron Howard sólo podrían publicarse durante las fechas de estreno del filme y nada más que en un medio, el que le enviaba a cubrir la información.

Bernard Weinraub de *The New York Times*, se negó a firmar y el prestigioso diario le dedicó al incidente la portada de su sección de Economía. Abogados consultados estimaron que el documento impuesto a la prensa no tenía valor legal porque atentaba contra la libertad de expresión recogida en la Primera Enmienda de la Constitucion de Estados Unidos y en la Constitución de California, donde está situado Hollywood.

La paradoja es que Tom Cruise no había tenido conflictos con la prensa, hasta que en 1992 contrató los servicios de la prepotente agencia de relaciones públicas PMK. Sólo a partir de entonces empezaron a aparecer los primeros artículos negativos sobre él. El problema es que PMK representa a la mayoría de grandes estrellas y que si veta a un reportero ya se puede despedir de informar sobre cine.

Las listas negras de periodistas están cada día más de actualidad en Hollywood, donde se ha calificado con humor de «guerra santa» al enfrentamiento entre prensa y relaciones públicas. Entre los informadores vetados por algún famoso en los últimos años hay redactores de los principales diarios y revistas de Estados Unidos, que se han atrevido a rechazar, por indeseables, las llamadas «entrevistas autorizadas».

Mención aparte merece el siempre irónico y provocador Joe Queenan, que se ha forjado una reputación terrible entre los relaciones públicas por el trato irreverente que ha dado a lo largo de los años a las estrellas en sus colaboraciones en la flor y nata de la prensa estadounidense: *The New York Times, Washington Post, The Wall Street Journal, Rolling Stone, GQ, Time, Spy* y muy especialmente *Movieline.*

Aun así, en 1992, escribió a setenta y cinco luminarias del cine pidiéndoles una entrevista para un libro. Sólo dos, Barbra Streisand y Raul Julia, respondieron, negándose. Su venganza ha sido publicar veinticuatro de sus textos más mordaces en el libro *Si hablas conmigo, es que tu carrera tiene problemas (If You're Talking to Me, Your Career Must Be in Trouble;* Hyperion, 1994). Un título que es toda una declaración de principios.

Las presiones sobre la prensa afectan también a los críticos de cine, un gremio que siempre se ha sentido superior a sus compañeros reporteros. Los críticos no afrontan el problema diario de acceder a las estrellas porque no hacen entrevistas. Tampoco están al día de los pormenores de un rodaje de actualidad o de la vida cotidiana de Hollywood porque rara vez hacen información sobre el mundo del cine. A ellos se les paga por ir a ver películas y opinar sobre ellas.

La crítica nació con la película *The May Irving-John Rice kiss* (1896), que mostraba el primer beso del cine, en primer plano. Un comentarista escribió el 15 de junio de 1896 en *Chap book:* «A tamaño natural, tales cosas son ya bestiales. Ampliadas a dimensiones gigantescas y repeticas tres veces seguidas son absolutamente asquerosas.» Unos años más tarde, en 1914, el *Chicago Tribune* fue el primer diario de Estados Unidos que creó una sección fija de crítica de cine. Desde sus páginas, Audrie Alspaugh hizo temible el pseudónimo «Kitty Kelly», ya que sus opiniones podían lanzar o arruinar cualquier película en todo el Medio Oeste americano.

Desde aquellos lejanos días, los productores siempre han tratado de minimizar, frente al público, la influencia de los medios de comunicación en el éxito o fracaso de una película. Sin embargo, ellos son muy conscientes de que una reacción negativa de la crítica puede dañar las expectativas de una película en la taquilla, lo mismo que informaciones positivas pueden ahorrarles mucho dinero en publicidad.

Cuando a un estudio le molestan las opiniones de un crítico, tiene varias medidas a su alcance. Una, usual, es no invitarle a las proyecciones especiales previas al estreno que hace de sus películas. Fue el caso de David Edelstein, del diario *New York Post,* vetado en 1989 por TriStar, productora hermana de la Columbia, por escribir que la compañía no había estrenado una buena película en cuatro años y medio.

La forma más drástica de neutralizar a un crítico, sin embargo, es la publicidad. Los medios de comunicación se mantienen gracias a ella y los productores la controlan. No en vano son los que la pagan y es humano que el que se siente insultado no dé encima dinero por ello. Así que, al escribir, periodistas y críticos, que en esto les une la desventura, saben, aunque nunca lo reconozcan, que tendrán problemas si sus textos provocan la reducción de ingresos publicitarios.

Sendos incidentes, protagonizados en 1992 por la Warner Bros. y la Paramount, marcaron en Hollywood un nuevo límite de los estudios por controlar quién puede hacer las críticas de sus películas y hasta lo que debe decir de ellas. Diferencias sobre el estilo del crítico Rod Lurie de *Los Angeles Magazine*, que una vez llegó a calificar a Danny DeVito de «testículo con brazos», llevó a la Warner no sólo a vetarle a él, sino a cualquiera vinculado con su publicación.

La Paramount fue más allá en su reacción a las críticas hechas por Joseph McBride, en la revista *Variety*, a *Juego de patriotas* (1992). El crítico calificó el filme, en el que Harrison Ford es un ex agente de la CIA acosado por terroristas del IRA, de ser «fascista», «descaradamente antiirlandés» y una «caricatura derechista». Críticas que, por otra parte, suelen hacérsele a Tom Clancy, autor del libro que inspiró el filme.

La reacción del estudio fue recordar que McBride es un apellido irlandés y retiró de inmediato toda su publicidad de *Variety*. Toda una tragedia para una publicación especializada que, al contrario que un diario o una revista de información general, no tiene otra fuente de ingresos publicitarios que la propia industria sobre la que escribe. Así que los editores de la revista le dieron la razón a la Paramount, tacharon a su crítico de «poco profesional» y tomaron medidas contra él.

Sin llegar a los extremos descritos, hace ya mucho que los responsables de los medios de comunicación aprendieron a buscar soluciones para sobrevivir a las contradicciones del mercado. Una, por ejemplo, es publicar las críticas adversas con retraso, una vez que la película en cuestión ya ha salido de la cartelera. Otra, más hábil, es tener en nómina críticos para todos los gustos y asignar las películas de acuerdo a las preferencias de cada crítico, lo que evitará muchos disgustos.

En un valiente y duro artículo publicado en 1989 en la revista *Premier*, Jonathan Alter, crítico del semanario *Newsweek*, aportaba otro enfoque al problema. «Los editores son los auténticos malvados de la historia —sostenía—. Ellos son los que trafican con su independencia (por no mencionar el medio de vida de los periodistas más agresivos) a cambio de contar con famosos que poner en las portadas de sus revistas.»

«Ninguna estrella es imprescindible —advertía Alter—, pero sólo hay un paso entre dejar que los relaciones públicas participen en el proceso de redacción (decidir quién escribirá cada texto es su misma esencia) y permitir que autoricen los artículos que van a publicarse antes de que sean ellos mismos los que los escriban.» El temor del crítico tenía fundamento. La agencia PMK pretende tener derecho de aprobar incluso las citas literales que se hagan de sus representados.

Lew Harris, el responsable de *Los Angeles Magazine* que en 1982 sufrió las presiones de la agencia PMK y de los estudios Warner para que prescindiera de Rod Lurie como crítico, lo tuvo claro entonces. «Me han dicho que Lurie no es un crítico serio —reveló— y que seguiremos teniendo problemas mientras siga haciendo las críticas como hasta ahora. Mi respuesta ante eso es que soy yo y no ustedes quien decidirá qué clase de crítico quiero para mi revista.»

7

DÍAS DE VINO Y ROSAS

(La fama y otras adicciones)

TODOS los hombres que conocí se enamoraron de *Gilda* y se despertaron conmigo», se lamentaba Rita Hayworth cada vez que le preguntaban por el personaje que hizo de ella la gran diosa del amor del cine de los años cuarenta. Su tragedia ha sido, es y será la maldición bajo la que viven las estrellas, perseguidas hasta los ámbitos más íntimos de su existencia por su imagen en la pantalla. La duda es siempre la misma, ¿a quién amaron realmente, a *Gilda* o a Rita?

La paradoja es que el ídolo suele perder la batalla contra su imagen. Famosa es la anécdota de Charles Chaplin que quedó el tercero en un concurso de imitadores de Charlot en el que compitió de incógnito. Cary Grant se lo tomaba con mucho humor. «¿Cuál es su nombre?», le preguntó el recepcionista de un hotel, en 1971. «Cary Grant», respondió él. «No se le parece», replicó el empleado. «Ya lo sé —reconoció Grant, con su elegancia inglesa—, nadie se le parece.»

Todo está en contra de los actores, empezando por la costumbre en el Hollywood dorado de cambiar el nombre real de los intérpretes por otro con más gancho para el público. Así Rita Hayworth se llamaba Margarita «Rita» Cansino, aunque adoptó el apellido materno desde 1937. Cary Grant, nacido Archibald Leach, se puso Cary por el personaje del musical de Broadway *Nikki,* que le llevó al cine y el Grant lo fabricó el estudio, a partir de la inicial G, por Gary Cooper.

La práctica del bautismo artístico era tan natural que relegaba al olvido los nombres auténticos en favor de los inventados. En una ocasión, Tony Curtis, en realidad Bernard Schwartz, se encontró con un productor mientras enseñaba a sus padres los estudios donde trabajaba. Curtis le presentó a los visitantes con su verdadero apellido y el ejecutivo muy intrigado le preguntó a la pareja: «¿Teniendo un nombre tan bonito como Curtis, por qué se lo han cambiado por Schwartz?»

La confusión entre personaje y actor se hacía más difícil en figuras como Lana Turner, nacida Julia Turner, que tenía una vida privada que parecía sacada del argumento de uno de sus melodramas de la pantalla. Otras veces los intérpretes caían hechizados por su papel. Johnny Weissmuller murió dando sus famosos gritos de Tarzán y a Bela Lugosi, que dormía en un ataúd, lo enterraron con su capa de conde Drácula, el papel que inscribió su nombre en la historia del cine.

La metamorfosis de Barbara Stanwyck fue tan completa que incluso cambió legalmente su nombre, Ruby Stevens, por el inventado, una fusión de los apelativos de las hoy olvidadas actrices Barbara Frietchie y Jane Stanwyck. Ella cumplió el sueño por el que lucharon la mayoría de los personajes de sus películas, mujeres fuertes, cuyos intentos por cambiar sus existencias para mejor acababan en amargas tragedias.

Otras veces, en cambio, no hay nada más engañoso que el estereotipo que acuña la pantalla de una estrella. Humphrey Bogart y Edward G. Robinson fueron dos de los grandes duros del cine negro. Ambos bajos de estatura y poco agraciados en lo físico, se especializaron, de la mano de la Warner, en papeles de detectives y gángsters. Seres toscos, insensibles y amorales que personificaban el cinismo.

En privado, Bogart era un hombre inseguro, de educación refinada, que leía a Shakespeare y odiaba la violencia. Su colega, Robinson, de origen rumano, adoraba la pintura y llegó a reunir una de las mejores colecciones del mundo, con obras de Renoir, Cézanne, Matisse, Gauguin, Monet y Pissarro. «Mis cuadros no pueden valorarse en dólares —decía—. De noche, cuando se ha ido el último invitado y no hay ruidos en la casa, voy al salón y me siento entre esos amigos silenciosos.»

Los problemas de identidad de muchos ídolos comienzan con infancias traumáticas. Marilyn Monroe, Jack Nicholson y Alec Guinness fueron hijos ilegítimos, sin progenitor conocido. A Demi Moore y Tom Cruise les abandonó su padre muy pequeños. Bette Davis fue una hija no deseada. Roseanne Barr, Sandra Dee, Rita Hayworth, John Barrymore y Patty Duke sufrieron abusos sexuales en su casa. Clara Bow padecía insomnio desde que su madre trató de apuñalarla de niña. Otros se criaron huérfanos o adoptados.

La madre de Jane y Peter Fonda, Frances Brokaw, se suicidó cortándose el cuello en 1950, pero Henry Fonda contó a sus hijos que había muerto de ataque cardíaco. Al enterarse de la verdad, por una revista, Peter, de quince años, intentó suicidarse también. Charles Bronson era de una familia letona tan pobre que él debía usar vestidos viejos de sus hermanas. «El único contacto con mi madre —contaba—, era cuando me ponía entre sus piernas para despiojarme la cabeza.»

Hollywood ha sido siempre el paraíso de los desheredados. Desde el genio inglés Charles Chaplin y el galán italiano Rodolfo Valentino, al cómico canadiense actual Jim Carrey, que de niño limpiaba retretes para ayudar a su familia que sobrevivía de la caridad. «Cuando se ha nacido "cockney", sólo se puede ir hacia arriba», ha declarado Michael Caine, aludiendo a la miseria de su origen y al apodo que reciben en Londres los naturales de los barrios populares de la ciudad.

Cuando el mundo es tan duro se está en situación de ventaja para superar las dificultades que jalonan el camino hacia la cumbre. Si se pregunta a cualquier productor la clave del éxito en el cine, lo resumirá en la fórmula: «Creer en uno mismo, trabajar mucho, desear el triunfo por encima de todo, dominar el trato social, comprender cómo funciona Hollywood, tener golpes de buena suerte y no desfallecer ante el rechazo.»

Hay que tener una gran confianza en la propia valía para soportar la tensión diaria de una carrera en la que se reciben negativas constantes. Sobre todo porque las descalificaciones afectan a la esencia misma de la persona y a su imagen ya que la herramienta de un intérprete es su cuerpo, él mismo. Eso desarrolla un ego fenomenal. «Un actor —definió Marlon Brando— es alguien que nunca escucha si no se está hablando de él.»

Todas las estrellas han sufrido el rechazo: Danny De Vito y Dustin Hoffman, por su físico nada corriente, y la mulata Halle Berri por su color; Clint Eastwood se llevó una sorpresa cuando grabó un disco que vendió seis copias; Andie MacDowell padeció la humillación de que Glenn Close le doblase la voz en *Greystoke, la leyenda de Tarzán, el rey de los monos* (1984), y a Michael Keaton le echaron de *La rosa púrpura de El Cairo* (1985) al empezar el rodaje por no dar el tipo de galán.

La inseguridad es tan grande, la competencia tan feroz y el deseo de trabajar tan perentorio que hasta que un actor no es muy, muy famoso, no tiene apenas posibilidad de elegir sus papeles. De ahí que todos hayan hecho cosas horribles, en especial, cuando empezaban, que les persiguen el resto de su carrera. La prensa no deja de recordárselo y hasta se publican libros como *Opening Shots* (Workman, 1994), en el que Damien Bona recopila los comienzos vergonzantes de setenta estrellas.

¿Quién recuerda los seis segundos de Sigourney Weaver en *Annie Hall* (1977), los veintidós segundos de Daniel Day-Lewis en *Ghandi* (1982), los veintinueve segundos de Tom Cruise en *Amor sin fin* (1981), los cincuenta y dos segundos de Meryl Streep en *Julia* (1977) o los setenta y seis segundos de Sylvester Stallone en *Bananas* (1971)? Este último, por cierto, se hizo famoso en sus inicios como protagonista de la película porno *Italian Stallion* (1970, no estrenada en cine en España, pero sí incluida en el vídeo *Escándalos de Hollywood,* editado por Olimpy).

Sharon Stone, Tom Hanks, Demi Moore, Meg Ryan, Julia Roberts, Arnold Schwarzenegger... la lista de protagonistas de películas atroces es interminable. Kevin Costner se siente tan avengonzado de su debut en la producción erótica *Malibú* (1978, aunque suele datarse en 1974, no se estrenó en cine en España, pero sí editada en vídeo) que al hacerse famoso, trató de comprarla, para que no se viera. Por lo menos, le cabe el consuelo de ser uno de los pocos participantes en el engendro que mantenía su ropa puesta.

Luchan tanto por alcanzar la fama que cuando ésta llega de modo instantáneo, su efecto es demoledor. John Travolta fue víctima del éxito de *Fiebre del sábado noche* (1977) y ha tenido una de las carreras más extrañas del Hollywood actual. Hizo dos reapariciones sorpresa, con *Urban Cowboy* (1980) y la saga de *Mira quien habla* (1989), que tampoco le dieron continuidad a su carrera. Parece que, por fin, lo ha logrado al cuarto intento, con su triunfo en *Pulp Fiction* (1994).

El ejemplo más patético de muerte súbita de una estrella lo constituye Mickey Rourke, que tras alcanzar la celebridad de golpe con *Nueve semanas y media* (1986), se sumió en un torbellino de autodestrucción. En la ficción y en privado, es un bocazas, egocéntrico y agresivo que maltrata a las mujeres, se mantiene lejos de la higiene y carece del menor sentido del ridículo. No hay mejor caricatura de actor devorado por su imagen ni del efecto devastador de la fama mal asimilada.

El miedo de algunos actores a perder lo que tanto les ha costado alcanzar les lleva a establecer la competencia con sus colegas en términos excesivos y da origen a enfrentamientos y odios exacerbados. Cibyll Shepherd, que guarda un profundo rencor hacia la industria del cine por hundir su relación con el director Peter Bogdanovich, su descubridor, y por boicotear su carrera en los años setenta, ha tenido muchos problemas por querer saldar viejas cuentas con su lengua envenenada.

«Cuando estoy en Hollywood y entro en una habitación siento el odio de los otros concentrado en el ambiente», ha confesado la actriz. Ella se lo ha ganado, con perlas como: «Cuando me hablan de Ali McGraw y Farrah Fawcett, me aburro. He tenido que tragarme más de un bostezo porque no creo que su aspecto sea muy femenino. McGraw, sin pechos ni trasero, no parece una mujer. Fawcett carece de personalidad y cuando se piensa en ella, sólo se recuerda su pelo y su dentadura.»

Faye Dunaway le hace preguntarse: «¿Cómo es posible que, a su edad, siga haciendo papeles de seductora? Nada más que añadir, salvo que sus pómulos parecen pechugas de pollo.» No son mejores sus piropos para Jane Fonda: «Por favor, me hacen reír cuando hablan de ella como de un símbolo sexual, ¡cuando en realidad parece un hombre!» Sólo Marilyn Monroe, muerta en 1962, merece sus elogios: «Fue una verdadera mujer. Además de tener un rostro perfecto, sus curvas eran proporcionadas.»

Todo eso no es más que un juego de niños comparado al odio, con dimensiones de tragedia griega, que enfrentó de por vida a Bette Davis y Joan Crawford, las grandes diosas de la pantalla. «Cuando mejor lo pasé con Joan fue empujándola por las escaleras en *¿Qué fue de Baby Jane?* (1962)», aseguraba Davis, al hablar de la única película que hicieron juntas. El rodaje mereció hasta un libro, *Bette and Joan: The Divine Feud* (E. P. Dutton, 1989), de Shaun Considine.

Ambas mujeres soñaron con los mismos papeles a lo largo de toda su carrera. Crawford admiraba mucho a Davis y durante un tiempo quiso hacerse amiga suya, enviándole regalos, que en lugar de estrechar una posible relación, se levantaron como un muro entre las dos. En 1985, Davis donó cincuenta y nueve álbumes de recortes a la biblioteca de la Universidad de Boston. Para sorpresa del personal las fotos que había de Crawford tenían los dientes pintados de negro. Nadie se atrevió a preguntar por qué.

«La normalidad al interpretar lleva al aburrimiento —opina Robert Evans, productor de *Chinatown* (1974) y antiguo actor—. Son las imperfecciones las que hacen a los actores interesantes. Hay que estar neurótico para ser bueno, porque la gente no va al cine a ver normalidad, sino lo que es diferente. Hay actores explosivos en la pantalla que son muy introvertidos en su vida y sólo son felices al trabajar, porque no saben ni cómo hablar con la gente.»

Jennifer Jason Leigh, la protagonista de *Mujer blanca, soltera, busca...* (1992), se ha especializado en personajes muy oscuros, de prostitutas y mujeres desequilibradas y sometidas a toda clase de malos tratos. Cuando le preguntan de dónde le viene su interés por esos tipos femeninos, su respuesta es siempre: «Me atraen, porque mi vida es muy aburrida.» Usar la interpretación como una forma de terapia no es nuevo ni descarta que Hollywood sea el edén de los psicoanalistas.

La tensión es tan grande para las estrellas que no son raros los colapsos nerviosos. En 1991, en la cúspide de su fama, Julia Roberts dejó plantado a su prometido Kiefer Sutherland unos días antes de casarse y se retiró casi dos años. Winona Ryder, otra estrella de la última generación, abandonó el rodaje de *El padrino III* (1990). Llevaba tres películas filmadas sin descansar y sus nervios estaban tan destrozados que de nada sirvieron amenazas. No pudo trabajar.

En su curioso estudio *Hollywood on the Couch* (William Morrow and Co., 1993), los periodistas Stephen Farber y Marc Green repasan la luna de miel entre el psicoanálisis y el cine y recuerdan cómo los directores tenían que llamar al plató a los psicoterapeutas de Judy Garland y de Marilyn Monroe para controlar sus constantes depresiones y estados de ansiedad. En el rodaje de *El príncipe y la corista* (1957) Marilyn fue tratada por Anna Freud, hija del padre del psicoanálisis.

Insólita fue la iniciativa del terapeuta de Judy Garland, que se dirigió al productor de *Desfile de Pascua* (1948, no estrenada en cine en España, pero sí editada en vídeo), Arthur Freed, poco antes de iniciar el rodaje, para que sustituyese a Vincente Minelli, marido de la actriz, como director de la película. Según él porque simbolizaba todos los problemas de la actriz con la Metro Goldwyn Mayer. Se aceptó su deseo y dirigió Charles Walters, pero eso no evitó un sinfín de trabas y el catálogo habitual de las neurosis de Garland.

La tuberculosis y la demencia consumieron la existencia de Vivien Leigh, que hubo de ser reemplazada por Elizabeth Taylor a mitad del rodaje de *La senda de los elefantes* (1954), para recibir tratamiento de electrochoque. Jennifer Jones y Gene Tierney padecieron también trastornos mentales y Frances Farmer pasó un atroz martirio de diez años en centros psiquiátricos, donde sufrió una brutal lobotomía. Su tragedia fue llevada al cine por Jessica Lange, en *Frances* (1982).

Esta larga e intensa tradición con la psiquiatría se ve complementada en Hollywood por el recurso a los profesionales de los poderes sobrenaturales. El fenómeno no es nuevo y se vio potenciado en el pasado por la influencia de algunos de los cineastas centroeuropeos que emigraron a la meca del cine huyendo de Hitler, como bien ha resaltado el director español Luciano Berriatúa, estudioso de la alquimia y autor de *Los proverbios chinos de F. W. Murnau* (Filmoteca Española, 1990).

Susan Sarandon y Goldie Hawn son habituales de Patricia MacLaine, una echadora de cartas que asegura recordar retazos de cada una de sus sesenta y cinco reencarnaciones. La cantante Dionne Warwick, ganadora de cinco Grammys, patrocina un servicio telefónico de psíquicos, «The Psychic Friends Network», y la actriz Arlene Dalh, madre de Lorenzo Lamas, hace horóscopos para la prensa y ha escrito libros sobre el particular.

Patrick Swayze se quedó desolado en 1995 por la muerte de su perro Cody, al que atribuía poderes telepáticos. La agencia de representantes Creative Artists Agency inauguró oficinas, en 1988, con un rito chino *feng-shui,* para garantizar una buena combinación de las fuerzas ying (la oscuridad) y yang (la claridad). Ted Danson, de la teleserie *Cheers,* es asiduo de quiromantes, astrólogos y psíquicos y Jim Carrey recurrió a cintas de colores para curar su depresión crónica.

El gurú de las estrellas es Deepak Chopra, que ha cautivado a las luminarias de Hollywood con su libro *Ageless Body, Timeless Mind* (Mente eterna, cuerpo sin edad), en el que promete existencias centenarias para los que acepten sus enseñanzas y sigan sus tratamientos. Hijo de un cardiólogo, nació en la India, estudió Medicina y emigró a Estados Unidos, donde ejerció la profesión hasta que empezó a predicar que la mente puede controlar el envejecimiento.

El cantante Michael Jackson, el director David Lynch y las actrices Elizabeth Taylor y Demi Moore son algunos de los apóstoles de su filosofía, mezcla de misticismo oriental y algo de ciencia occidental. Además, con frecuencia, imparte sus enseñanzas a los altos ejecutivos de Time Warner, Sony y otros grandes estudios. «Tengo cuarenta y siete años cronológicamente —proclamaba en 1994—, pero biológicamente sólo veinticinco.»

Demi Moore está tan entusiasmada con Chopra que en la primavera de 1996 le siguió en peregrinación hasta Bombay, en la India, donde asistió a una fiesta, vestida y pintada como una mujer india más. «Con sus enseñanzas pienso vivir mucho —ha asegurado la actriz—. Ni siquiera llegar a los ciento treinta años me parece imposible.» Al oírlo, Bruce Willis, su marido, le respondió: «¿Para qué? ¡Cuando lleguemos a esa edad no habrá ningún papel para nosotros!»

La comunicación con la ultratumba es otra de las facetas de la magia preferidas por los famosos.

Rodolfo Valentino y su mujer, Natacha Rambova, aseguraban que estaban en comunicación con oscuras fuerzas del antiguo Egipto. Tras la muerte del ídolo, su esposa decía que hablaba con su fantasma.

Clara Mohr, en arte Claire del Mar, la actriz que bailó el inmortal tango con Valentino en *Los cuatro jinetes del Apocalipsis* (1921), es una presencia habitual en el Mission Ranch, el hotel restaurante hoy propiedad de Clint Eastwood, en el que fue brutalmente asesinada en 1959. Según algunos, el espíritu de Lon Chaney espera su autobús en la parada de Vine St., el de Bela Lugosi pasea por el Hollywood Boulevard y los de Monty Clift y Marilyn Monroe viven en el hotel Roosevelt.

Shirley McLaine se ha convertido en la gran sacerdotisa de la Nueva Era, con más de diez millones de libros vendidos en todo el mundo sobre el poder de la mente. Pero el público no imaginó el límite de dependencia de lo sobrenatural que tienen los actores hasta que la mordaz Kitty Kelley le dedicó una de sus inmisericordes biografías a *Nancy Reagan* (Plaza y Janés, 1992) en la que se revelaba la influencia absoluta que han tenido los astrólogos en la vida de la actriz y de su marido.

Ronald Reagan fue el primer gobernador en la historia del estado de California que juró su cargo a medianoche para aprovechar la conjunción astral más favorable. Años después, cuando se agotaba su primer mandato como presidente de Estados Unidos, a pesar de las presiones de su partido, no anunció que se presentaría a la reelección hasta el 29 de enero de 1984, a las 22.55 horas, momento fijado por Joan Quigley, astróloga de la pareja, que controlaba el programa oficial del presidente.

Las experiencias traumáticas del pasado, los principios materialistas que rigen la industria del cine, fortunas personales de la magnitud del presupuesto nacional de algunos países y la inseguridad emocional de seres humanos a los que se pretende hacer vivir como dioses, son el caldo de cultivo ideal para atraer a multitud de credos místicos y religiosos, ansiosos por controlar la influencia de los ídolos de la pantalla sobre el público y, por supuesto, su dinero.

Las religiones clásicas están presentes en Hollywood, pero no siempre han podido proporcionar respuestas idóneas a los problemas complejos que sufren los actores. Mel Gibson se declara ferviente católico preconciliar, de los de misa en latín y mujeres con velo en el templo, cumple con el precepto dominical en familia y hace donativos a la Iglesia. Aunque el aspecto más llamativo de la religión en la meca del cine es la facilidad con la que se muda de creencias, según la ocasión.

Gary Cooper se hizo católico tras meditarlo largo tiempo, pero las conversiones de Marilyn Monroe y Elizabeth Taylor al judaísmo fueron muy rápidas. Monroe en 1956 para casarse con el escritor Arthur Miller, y Taylor, en 1958, al contraer matrimonio con el cantante Eddie Fisher, casado hasta entonces con Debbie Reynolds. Más modernamente, Faye Dunaway, en plena crisis profesional, decidió bautizarse.

«Mi hijo es católico; su padre, Terry, también, y ahora yo soy una mujer nueva», dijo.

La oferta mística es inmensa y va desde la Iglesia de la Ciencia Cristiana, en la que estaban Ginger Rogers y Doris Day, al budismo, con el que simpatizan, en sus diversas formas, Richard Gere, Uma Thurman, Patrick Swayze, Peter Coyote, Melannie Griffith, Don Johnson, Sharon Stone, Harrison Ford, Tina Turner, Steven Seagal y el director Oliver Stone. Aunque la organización más en alza en la actualidad es la controvertida Iglesia de la Cienciología.

Este credo, fundado por el escritor de ciencia ficción L. Ron Hubbard, en su libro *Dianética* (1950), es una filosofía religiosa que, de acuerdo a su propia definición, propugna que cada persona comprenda su espiritualidad individual y su relación con el universo como un todo. Tiene muchos adeptos por todo el mundo, pero los preferidos son sus practicantes más ilustres. Para ellos se adaptó el «Celebrity Centre», en lo que fue el lujoso Manor Hotel del Hollywood dorado.

Su implantación en el cine la impulsó el ingreso de John Travolta en los años setenta. Hoy son cienciólogos los actores Kelly Preston, esposa de Travolta; Anne Archer; Juliette Lewis, que trató de captar a Brad Pitt cuando fueron novios; Karen Black; Kirstie Alley y su marido Parker Stevenson; Mimi Rogers, que es hija de un directivo del movimiento e introdujo a Tom Cruise al casarse con él y, tras su divorcio, éste captó a Nicole Kidman, también por matrimonio.

Todos ellos aseguran que la cienciología les ha ayudado a lograr el mejor estado de ánimo para alcanzar el éxito. Tom Cruise llegó a presumir en 1992 de que gracias a los textos de Hubbard había superado su dislexia, lo que provocó una dura reacción de la Fundación de la Dislexia de América, que calificó de frívolas las afirmaciones de Cruise, porque si fuera tan sencillo curar esa enfermedad ya no quedaría nadie en el mundo que la padeciese.

Frente a místicas y credos religiosos, hay estrellas que prefieren solucionar sus inseguridades aferrándose a paraísos más terrenos, siguiendo la filosofía de John Wayne, cuando precisó a la revista *Time* que «los divanes sólo sirven para hacer una cosa en ellos». Las cosas se complican, sin embargo, cuando lo que parecía una solución acaba creando dependencias graves y nuevos problemas, cada vez más difíciles de resolver.

Bette Davis era una fumadora compulsiva que batió la marca de cinco cajetillas de cigarrillos al día. La tentación irresistible de Walter Matthau ha sido el juego, por lo que aceptó muchos de sus trabajos sólo por ganar dinero para pagar deudas. Con reputación de persona intratable, según él mismo, su niñez fue una «pesadilla terrible y maloliente» y de adulto se convirtió en «un apostador depravado» que perdió fortunas.

Las andanzas extramatrimoniales de Michael Douglas; los 60.000 dólares que gastó entre 1991 y 1994 Charlie Sheen en bailarinas porno y prostitutas; el desmantelamiento, en 1993, de la red de prostitución de lujo que regentaba Heidi Fleiss, la «madame de Hollywood», y la detención en 1995 de Hugh Grant con la prostituta Divine Brown son pruebas más que evidentes del problema de sexoadicción que azota a la meca del cine.

Para los psiquiatras, la explicación es sencilla y tiene dos vertientes. Por un lado, el aliciente del sexo prohibido y del riesgo a ser descubierto. Por otro, la comodidad. Un actor famoso no tiene mucho tiempo de andar cortejando a una mujer y las prostitutas ofrecen la ventaja de su disponibilidad, no plantean demandas de paternidad y se van cuando el cliente lo desea sin tratar de continuar la relación con un romance.

El gasto excesivo es otra forma de aliviar tensiones que saben practicar muy bien los ídolos. El semanario *People* dejó sin aliento a sus lectores al publicar en marzo de 1995 un reportaje sobre los «Grandes derrochadores de Hollywood». Demi Moore, por ejemplo, tiene una preciosa colección de muñecas valorada en un millón de dólares, que guarda en una casa de tres plantas, sólo para ellas, regalo de amor de Bruce Willis, que pagó 600.000 dólares por el inmueble.

Jane Fonda sólo necesitó media hora para gastar 16.000 dólares en caprichos en un anticuario de Los Ángeles. Michael J. Fox construyó en su mansión un estanque de 50.000 dólares para pescar con su hijo pequeño. Cher se compró una moto Harley Davidson de 15.000 dólares, y pagó otro tanto por algunos extras de su gusto. Una sola de las varias avionetas de John Travolta vale 30 millones de dólares y cada uno de los cuatro todoterrenos de Arnold Schwarzenegger sale por 57.000 dólares.

Las drogas y el alcohol son otras dos trampas ruinosas, tan antiguas como el mismo Hollywood. «Siempre que pienso en los problemas presupuestarios, imagino las dificultades de Errol Flynn... para cubrir sus hábitos inconfesables, con sus ingresos netos», bromeaba en los ochenta el ministro del gobierno británico Malcolm Rifkind. Nadie ha llegado a los límites de Flynn en el sexo, el alcohol y la droga, su infierno fue una salud horrible que le torturó hasta el fin.

La paradoja de cada nueva generación es que cree que descubre las drogas por primera vez. La crónica negra de la meca del cine demuestra que no es así. La sorpresa que provocó la muerte de River Phoenix en 1993 no fue mayor que la causada en 1920 por el suicidio, en un hotel de lujo de París, de la estrella del cine mudo Olive Thomas, después de pasar sus últimas horas de vida recorriendo los bajos fondos de la ciudad tratando en vano de comprar heroína a cualquier precio.

«En una fiesta —recordaba Shirley McLaine—, alguien me paso cocaína, pero yo pensé que era sacarina en polvo y me lo eché en el café.» Las cándidas palabras de la actriz no pueden ocultar que rara es la estrella que no ha tenido problemas con el alcohol o la droga. Drew Barrymore los tomaba de niña, Bela Lugosi consolaba su fracaso con la morfina, Cary Grant hablaba maravillas del LSD y

Dennis Hopper en los setenta aspiraba rayas de cocaína de la longitud de un bolígrafo.

«En los años cincuenta —ha contado George Hamilton—, eran los propios estudios los que te proporcionaban las anfetaminas o las píldoras al por mayor. Había un equipo contratado a tal efecto.» Judy Garland se levantaba con estimulantes, luego tomaba adelgazantes por el día y tranquilizantes para dormir. El botiquín de Marilyn Monroe era un polvorín de fármacos. «La cocaína —ironiza Robin Williams—, es la forma que tiene Dios de decirte que estás ganando demasiado dinero.»

A Robert Mitchum le arrestaron, en 1948, con un puñado de «porros», en casa de una aspirante a actriz con la que se estaba corriendo una juerga extramatrimonial. Condenado a sesenta días de prisión, cumplió su condena como un recluso ejemplar. «Éste es el amargo final de todo: mi carrera, mi hogar y mi matrimonio», se lamentó el actor al salir de prisión. En cambio, el incidente alimentó su leyenda canalla, disparó su popularidad e hizo de él la máxima estrella del estudio RKO.

Los antecedentes penales son la parte menos aireada del currículo de los actores. El FBI interrogó varios meses a Jodie Foster, antes de descartar su implicación en el atentado que, en 1981, un admirador suyo cometió contra Ronald Reagan. Sean Penn pasó treinta y tres días en prisión, en 1987, por golpear a un extra que le sacó una foto. Ese mismo año arrestaron a Bruce Willis por agredir a uno de los policías que acudieron a su casa ante las protestas de los vecinos por el ruido.

No hay que olvidar que el cine apartó a otros de la delincuencia. El arte rehabilitó a John Garfield, precursor de todos los rebeldes de la pantalla; al taciturno Nick Nolte, condenado siendo adolescente a cinco años de libertad vigilada por falsificar documentos; a Al Pacino, que a los veinte años estuvo detenido tres días por tenencia ilícita de armas, y al socarrón Steve McQueen, que a los catorce años pasó dieciocho meses en un reformatorio por conducta indisciplinada.

La popularidad puede convertirse en la peor prisión cuando no se está preparado. «Si usted fuera yo durante un mes —le advirtió Robert Redford a un periodista—, querría dejarlo a las dos semanas.» Lo peor es que nunca se está preparado para el éxito. «Todo lo que tenga que suceder, te pasará —se lamentaba William Hurt—, porque no hay períodos de aprendizaje ni clases para aprender a ser famoso.»

8

LA LEY DE LOS ÁNGELES

(Abogados y representantes)

¡ABOGADOS! No se puede vivir con ellos pero tampoco sin ellos. Sobre todo en Estados Unidos, donde residen las dos terceras partes de todos los letrados que hay en el mundo. Nada se compara al odio que sienten los americanos por esa profesión, que se resume en un chiste cruel. Pregunta: «¿sabes la diferencia que hay entre el cadáver de un abogado muerto en una autopista y el de una rata atropellada?» Respuesta: «delante de la rata hay marcas de haber intentado frenar».

En Hollywood, donde no se hace nada sin un abogado ni se deshace sin contar con dos, el odio es aún más profundo. Basta ver la imagen que dan de ellos películas como *La guerra de los Rose* (1989), *El cabo del miedo* (1991), *Proposición indecente* (1993) y *La tapadera* (1993). Steven Spielberg llegó a darse el gusto de que una de las primeras víctimas que devoran los dinosaurios de *Parque Jurásico* (1993) fuera un abogado que intentaba escudarse con unos niños indefensos.

Aunque aborrecidos, su popularidad crece sin parar. Los libros que John Grisham escribe sobre sus experiencias como abogado son las historias más cotizadas del cine. Los procesos judiciales se retrasmiten en directo por la televisión para satisfacer el morbo del público. Pero nada tan espectacular como las artes de los letrados que libraron al cantante Michael Jackson de una acusación de abuso de menores y al deportista y actor O. J. Simpson de la acusación del asesinato de su mujer.

En los últimos años los abogados de las estrellas lucen con más brillo ante la opinión pública que sus clientes. Nada que ver, por ejemplo, con sus colegas que trabajan en el mundo de las finanzas. Algunos de estos profesionales dedicados a la industria del espectáculo visten, viven y se comportan como los artistas, rompiendo la regla de oro de su oficio, que es permanecer anónimos, trabajando en la sombra.

Su ascensión en Hollywood es tan evidente que no se han resistido a participar del poder desde los cargos más altos de los estudios. Alan Levine, al frente de Columbia; Frank Wells, de Disney, hasta su muerte en accidente aéreo en abril de 1994, y Tom Pollock, de Universal, hasta que cambió de dueño en 1995. Hacen, incluso, incursiones como actores y el fiscal Jim Garrison se dió el capricho de aparecer como juez en *JFK, caso abierto* (1991), filme basado en su propia vida.

«Esto no es la teleserie *La ley de Los Ángeles,* ni

somos representantes que están con estrellas a cada momento —advierte el veterano Lee Steiner, relacionado con producciones como *El doctor Zhivago* (1965) y la saga de *Rocky*—. Nuestra profesión se exagera en el cine y la última vez que yo estuve en un tribunal fue con Judy Garland.» En efecto, uno de los errores más habituales sobre los abogados de Hollywood es que se pasan todo el día en los tribunales, pero eso no es exacto.

Con la cantidad de acuerdos que se negocian a diario, es cierto que se han dado casos de demandas muy sonadas. Warren Beatty, por ejemplo, paralizó la venta a televisión de *Rojos* (1981), porque iban a cortarla cinco minutos y su contrato con Paramount reconocía su derecho a controlar los cortes. Raquel Welch se dirigió contra la Metro Goldwyn Mayer por ruptura de contrato y difamación cuando la despidieron de *Cannery Row* (1982) para darle su papel a Debra Winger.

De todos estos procesos con estrellas el que más conmovió a Hollywood fue el seguido en 1993 contra Kim Basinger, por romper su contrato verbal con el productor Carl Mazzocone y negarse a protagonizar *Mi obsesión por Helena* (1993), debut como directora de Jennifer Lynch, hija del realizador David Lynch. El espectáculo conmovedor que ofreció la actriz en la sala no impresionó al jurado y fue condenada a pagar 8 millones de dólares, lo que le llevó a la bancarrota.

La gente ajena a la industria es la que pone las demandas más imaginativas. En 1995, un fabricante de bisutería denunció a Madonna por usar un nombre que, según aseguraba él, había registrado para sus productos mucho antes de que naciera la actriz y cantante. En 1991, dos espectadores distintos de California iniciaron sendos procedimientos legales porque consideraban que las salas de cine que ofrecen descuento a los niños y ancianos violaban sus derechos constitucionales.

Otra espectadora californiana demandó en 1994 a la Universal por fraude, al anunciar *En el nombre del padre* (1993) como «una historia real» y ofrecer, en cambio, «una versión dramatizada de hechos que no ocurrieron». También hay demandas porque alguien se reconoce a sí mismo o a un familiar en las fotos, antiguas o modernas, que los directores artísticos usan para dar ambiente a los decorados.

El estilo habitual de resolver problemas entre la gente del cine no es, sin embargo, el judicial. Un proceso es una vía larga, cara, impopular y de resultados imprevisibles. Además, como recordaba Peter Dekom, que ha trabajado para John Travolta y el director Ron Howard, «la publicidad daña al demandante y le da fama de conflictivo, aunque lleve razón, porque la idea general es que debía de haber negociado».

Los hermanos Marx crearon escuela en ese campo. Estaban preparando el rodaje de *Una noche en Casablanca* (1946), cuando recibieron una carta de los abogados de la Warner Brothers, productora de *Casablanca* (1942), amenazando con demandarles si no cambiaban el título de la película. A partir de ahí tuvo lugar un delirante intercambio de correspondencia entre Groucho Marx y los cada vez más estupefactos abogados.

«Hasta que planeamos hacer esta película no tenía la menor idea de que la ciudad de Casablanca perteneciese en exclusiva a Warner Brothers», comenzaba la respuesta del humorista. A continuación, aprovechando que en inglés Warner Brothers significa Hermanos Warner, les prohibía llamarse, en adelante, Hermanos, porque, añadía: «Profesionalmente, nosotros fuimos Hermanos mucho antes que ustedes e incluso antes que nosotros lo fueron los Hermanos Karamazov.»

Hasta tres cartas se intercambiaron las partes. Groucho Marx iba cada vez más lejos en sus ironías. Los abogados de la Warner se disculpaban por no comprender el sentido exacto de las misivas que recibían y le pedían al actor que aclarase sus cartas anteriores. Llegado un momento determinado, alguien en el departamento jurídico de la productora demostró tener la cordura suficiente para olvidar el asunto y los Hermanos Marx estrenaron su película sin cambiarle el título.

La clave, pues, para solucionar todos los conflictos en un lugar tan pequeño como es Hollywood, en el que todos se conocen, es la negociación. Ése era el campo tradicional en el que se han movido los representantes, pero las leyes se han complicado tanto y el mercado se ha hecho tan complejo, que ya no es posible hacerlo sin contar con abogados especializados. La parte del león son los contratos de estrellas, directores, guionistas y ejecutivos, entre otros.

Antes de que el cantante Tom Waits lo recogiera en uno de sus temas, todos sabían en la meca del cine que «lo que te da la letra grande, te lo quita la letra pequeña», por eso las estrellas siempre han mirado sus contratos con lupa. En ellos, se mezclan los caprichos y las razones prácticas. Sean Connery es un gran aficionado al golf y se niega a rodar a más de quince kilómetros de un campo propicio para practicar este deporte.

En cambio, cuando aceptó trabajar en *La caza del Octubre Rojo* (1990), como buen escocés, previó en su contrato hasta la mínima sutileza financiera y exigió un extra a su sueldo para compensar la pérdida del valor del dólar frente a la libra esterlina. Igual de previsor, para eludir los impuestos, William Holden impuso a la Columbia que le pagara su sueldo por *El puente sobre el río Kwai* (1957) en pequeños plazos anuales, pero murió antes de cobrarlo completo.

El incumplimiento de cualquier cláusula, en manos de un buen abogado, puede tener efectos imprevistos para las partes contratantes. James Cagney llevaba tiempo tratando de romper sin éxito su compromiso con Warner cuando el estudio cometió el error de poner su nombre en segundo lugar en un cartel anunciador de *Águilas heroicas* (1935). Como él había impuesto que su nombre debía de ir el primero, se consideró incumplimiento de contrato y el actor quedó libre.

Ese tipo de victorias provoca el rencor de los estudios, pero en un mundo que se rige por la cuenta de resultados el no perdonar es un lujo que nadie puede permitirse. En el caso de Cagney, tiempo después, volvió a fichar por Warner. En aquel momento, cuando la palabra de los magnates de las productoras era ley, el peligro de boicot podría haber sido mayor para el abogado que le representó, porque era sustituible.

Hoy es impensable que ningún estudio tome represalias contra un abogado, aunque alguno lo ha intentado. Jeffrey Katzenberg, cuando era responsable de Disney, se molestó con el prestigioso abogado Barry Hirsch porque era un negociador que no admitía concesiones e hizo correr la voz de que el estudio no volvería a trabajar con él. Enterados los juristas de la ciudad, bastó que utilizaran sus influencias conjuntas para que Katzenberg diera marcha atrás de inmediato.

Bert Fields, otro de los abogados más poderosos de la ciudad, comparaba la seguridad de trabajar para el cine con las dos amenazas de muerte que había recibido en los tiempos en los que ejerció de abogado divorcista. También es más lucrativo porque cada vez son más los profesionales que no aplican una tarifa fija a las estrellas, sino que les cobran el 5 por 100 de los ingresos que obtengan de sus gestiones.

Lo vergonzoso es que después de enriquecerse a su costa, siempre cabe la posibilidad de que el abogado traicione la confianza de su cliente. No porque sirva a otros intereses cuando gestiona un contrato, que eso también pasa, sino porque acabe revelando a la prensa sus secretos, como hizo Marvin Mitchelson en 1993 con los detalles íntimos de la demanda de paternidad contra Robert de Niro y de los divorcios de Joan Collins, Cher, Groucho Marx y Richard Harris.

Además del 5 por 100 del abogado, las estrellas pagan también un 10 por 100 al representante de su agencia *(agent)* y un 15 por 100 a su representante personal *(personal manager)*, que son los otros dos profesionales que les asesoran en sus carreras; junto, claro, a los relaciones públicas, que reciben su sueldo fijo mensual y de los que se trata en el capítulo del libro dedicado a la prensa. En todo caso, todos estos expertos, que en el Hollywood dorado eran «el servicio» de los estudios, han tomado hoy las riendas del poder.

De los varios cientos de agencias de representantes que hay en Hollywood, destacan tres. La Creative Artists Agency (CAA) es la más influyente, con clientes del calibre de Tom Hanks, Demi Moore, Steven Spielberg, Barbra Streisand, Tom Cruise, Robert Redford, Janet Jackson, Brad Pitt y Oliver Stone. Le siguen, en fuerte competencia, la International Creative Management (ICM) y la William Morris Agency (WMA).

Lo cierto es que estas agencias son endogámicas. La ICM surgió por la fusión de varias más pequeñas en 1975. El mismo año que fundaron la todopoderosa CAA, varios ejecutivos desertaron de la William

Morris, que está considerada la agencia de representación más antigua del mundo. Su origen se remonta a 1898, año que abrió sus primeras oficinas en Nueva York, y entre sus clientes más ilustres ha contado con Marilyn Monroe, Frank Sinatra, James Cagney y Katharine Hepburn.

La presencia de las agencias de representantes en la industria se remonta a los años del cine mudo, si bien no tuvieron mucho peso hasta que, al final de los años cuarenta, empezó a quebrarse el sistema de estudios por el que las grandes productoras habían gobernado el Hollywood clásico en exclusiva. Su ascensión coincidió con el nacimiento de la televisión y la necesidad que tenía el nuevo medio de gran cantidad de profesionales para poner en marcha sus emisiones.

En esa época imponía su ley la Music Corporation of America (MCA), agencia que había nacido en Chicago, en 1924, para representar orquestas de baile. A su frente estaba el mítico Lew Wasserman, que en los años cuarenta y cincuenta llevaba los asuntos de Clark Gable, Joan Crawford, Gregory Peck, Grace Kelly, James Stewart, Alfred Hitchcock y Errol Flynn, entre otros. La agencia llegó a recibir el apodo de «el pulpo», porque sus tentáculos llegaban a todas partes.

Sus intereses, aparte de la agencia, incluían una casa de discos, Decca Records; una productora de televisión, Revue Productions, y, a partir de los años sesenta, la Universal. Ése fue su final. En 1962, la administración Kennedy le aplicó la Ley Antimonopolios y Wasserman se retiró del negocio de la representación para dedicarse a la producción de música, cine y televisión, con la MCA-Universal, a cuya cabeza se ha mantenido, ya octogenario, hasta los años noventa.

Su vacío lo ocupó, entre los sesenta y setenta, la más modesta Creative Management Agency (CMA) con clientes como Judy Garland, Paul Newman y Dustin Hoffman. Pero a partir de final de los setenta fue el momento de la William Morris Agency, que tenía en cartera a Steve McQueen, Burt Reynolds, Goldie Hawn y Warren Beatty. En esta última aprendieron el oficio los cinco fundadores de la Creative Artists Agency (CAA), que controla la industria desde mitad de los ochenta.

Su presidente, hasta que en 1995 aceptó hacerse cargo de Disney, era Michael Ovitz, apodado «el hombre más poderoso de Hollywood». Él ha estado tras operaciones financieras de la envergadura de la venta de Columbia a Sony en 1989 y de MCA-Universal, primero a Matsushita en 1991, y después a la licorera Seagram en 1995. Propició la campaña de publicidad de los osos polares para Coca-Cola en 1991, y el apoyo del Credit Lyonnais a la decrépita Metro Goldwyn Mayer en 1993.

¿De dónde procede todo ese poder que acumulan Ovitz y sus colegas, que a la postre no son más que simples representantes de artistas y que, además, en su mayoría, empezaron en la industria, literalmente, como ayudantes y chicos de los recados para repartir correspondencia en los estudios? La clave radica en que son ellos, y no las productoras, los que controlan los contratos de las grandes estrellas, con cuyo nombre se asegura el éxito de cualquier película en taquilla.

Son tantos, tan importantes y de campos tan diversos de la actividad cinematográfica los clientes que controlan las grandes agencias, que los representantes han impuesto una nueva forma de negociar con los estudios por «paquetes» de profesionales. Es decir, que si alguien quiere contar con Tom Cruise para una película, la agencia le impone que contrate también para el proyecto a otros valores de su cuadra, desde actores a directores, guionistas o directores de fotografía.

Con esta participación tan estrecha en la producción de las películas, la función de los representantes se aproxima a la de los productores. Los estudios, en cambio, actúan como banqueros que financian los proyectos y como distribuidores del producto final por medio de su red de filiales en todo el mundo. Por eso hace años que las agencias luchan por lograr que la Academia de Artes y Ciencias Cinematográficas los acepte como miembros con pleno derecho al voto en los Oscar.

Negociar en «paquetes» creativos resulta además muy rentable. No tanto en cine, donde se cobra la comisión por cada uno de los clientes contratados, como en televisión, donde se carga un porcentaje, de hasta el 10 por 100, sobre el presupuesto total del programa o la serie de que se trate. Para hacerse una idea, *Sensación de vivir* y *Las chicas de oro* son «paquetes» de clientes de la CAA, mientras que *El show de Bill Cosby* lo negoció William Morris.

La única defensa de las productoras para contrarrestar las presiones de los representantes es firmar acuerdos a medio plazo, por un número determinado de proyectos, con actores, directores o guionistas. Es algo que recuerda los tiempos en los que todos trabajaban a sueldo de las productoras, pero no es muy usual porque resulta caro. Los artistas se instalan dentro del estudio, a todo lujo y con gastos pagados, y más de una vez el único resultado del pacto es un montón de facturas.

Sabiendo esto se entiende mejor el secreto del éxito del actor español Antonio Banderas en Hollywood. Basta comprobar los créditos de sus películas para confirmar que tras ellos está un hombre, Michael Ovitz. De *Philadelphia* (1993), Tom Hanks y el director Jonathan Demme son clientes de la CAA. En el caso de *Entrevista con el vampiro* (1994), lo son Anne Rice, autora del libro, Tom Cruise, Brad Pitt y Christian Slater. Banderas formaba parte del «paquete» negociado.

La razón de por qué una figura como Michael Ovitz aceptó en el selecto club de sus clientes a un actor desconocido en el mercado americano como Antonio Banderas es doble. Por una parte responde a la política personal del representante, que tiende la mano a todo aquel que necesita una ayuda. Así, ha ido sembrando todas las ramas de la industria con amigos a los que hizo un favor en algún momento de su carrera.

Esta explicación es lógicamente insuficiente si, a la vez, no se diera el hecho de que existe en el mercado un nicho de «amante latino» que ninguna estrella americana de origen hispano quiere aceptar. La comunidad latina es la minoría racial peor tratada de Estados Unidos y los actores de ese origen desprecian los papeles de prostitutas, asesinos, narcotraficantes y chulos del sexo que no ayudan para nada a mejorar su imagen como comunidad ante la opinión pública.

Los cada vez más combativos grupos pro-dignidad de los latinos en Hollywood sólo piden que también a ellos se les dé la oportunidad de ofrecer una imagen positiva en papeles dignos como el del abogado Víctor Cifuentes que interpreta Jimmy Smits en la teleserie *La ley de Los Ángeles*. Sin embargo, el público sajón sigue pidiendo los estereotipos que confirmen todos sus prejuicios raciales negativos y ahí aparece Banderas, para satisfacer esa demanda de la taquilla.

El lanzamiento internacional de la imagen de Antonio Banderas no se quedó sólo en darle papeles, pequeños pero lucidos, en películas muy esperadas. Se le incluyó, también, como presentador de los Oscar. Un medio muy rápido de dar a conocer una cara a los millones de espectadores de todo el planeta que siguen la ceremonia por televisión. La CAA volvió a repetir la maniobra con la actriz inglesa Julia Ormond, tras convertirse en una promesa con *Leyendas de pasión* (1994).

La mayor dificultad del trabajo de un representante es identificar el genio de sus futuros clientes. Hay agencias que evitan el problema aceptando sólo a valores consagrados. Las historias de grandes estrellas que fueron rechazadas en sus comienzos son innumerables. «Mi representante me dijo "no eres lo bastante buena para el cine" —confirmaba Sally Field—. Mi única respuesta fue "estás despedido".»

El de Jack Nicholson fue un error histórico. «Quería que le enviase a las teleseries *El virginiano* y *Bonanza* —acepta el veterano Robert Littman—, pero no lo hice. Le expliqué que dirigir exige sensibilidad y que escribir da satisfacción, pero que actuar trae una vida de rechazo.» Al ganar el Oscar por *Alguien voló sobre el nido del Cuco* (1975), el actor dio las gracias, en su discurso de aceptación, a aquel representante que le aconsejó abandonar, aunque no mencionó su nombre.

La tarea de sacar adelante valores desconocidos no es nada fácil y se recurre a métodos insospechados. Entre los escritores principiantes a veces se utiliza uno de los más curiosos para llamar la atención de los productores: se arranca la tapa del trabajo de un guionista consagrado y se pone el nombre del aspirante. Por lo general, el engaño se acaba descubriendo pero antes queda en evidencia que los productores ni leen guiones ni saben lo que compran.

Lo demuestra el casi increíble caso de un tal Ronald Dilert, al que no se le ocurrió otra cosa que poner su nombre sobre un guión de Joe Eszterhas, autor de *Instinto básico* (1992) y el guionista mejor pagado de Hollywood. No sólo circuló con él por las productoras, sino que una se lo compró y fue al intentar rodarlo cuando se descubrió todo, pero durante semanas nadie se había dado cuenta del engaño.

Casi mejor que el incidente fue la explicación del culpable, que aseguró que un amigo suyo moribundo, en su lecho de muerte, le había dado el texto diciéndole: «Envíalo con tu nombre.» Después, claro, el autor falleció y él se limitó a cumplir su voluntad. Al escuchar una disculpa tan imaginativa, Joe Eszterhas declaró que sólo podía añadir una cosa sobre el particular: «Ese muchacho no es ningún ingeniero nuclear.»

Si en los casos de actores como Antonio Banderas y Julia Ormond parece claro que necesitan a la CAA para ascender en su carrera, la duda surge cuando se trata de grandes estrellas. «En una época que no tenía representante —cuenta Al Pacino—, llamé a William Morris y dije: "Busco un representante." La telefonista me preguntó: "¿Cómo se llama usted?" Le contesté: "Al Pacino", y ella respondió: "¿Está usted seguro?".»

Son varias las razones que explican por qué una estrella ya establecida contrata a un intermediario. Una es que así le va a ser más fácil negociar sus contratos. Después de que Sean Connery rechazó 12 millones de dólares y Wesley Snipes 9 millones por hacer la aventura futurista *Stargate* (1994), los productores le ofrecieron su sueldo habitual de 2 millones de dólares a Kurt Russell para que hiciera el papel.

La sorpresa fue que Russell se negó a aceptarlo por menos de lo que le habían ofrecido a Wesley Snipes antes que a él. Al final, consiguió llegar hasta los 7 millones de dólares, más del doble de lo que suele cobrar. El milagro de cómo supo el actor las ofertas de los otros aspirantes para poder negociar al alza se explica si se tiene en cuenta que las estrellas que optaban al papel son clientes de la CAA.

Un representante añade otro beneficio esencial. En Hollywood la información es poder y las grandes agencias son las primeras en enterarse de cualquier proyecto que se ponc en marcha. Saben, además, en todo momento, la situación en la que se encuentra cada película durante su producción. El único fallo de las grandes agencias es que no cubren bien del todo el factor de apoyo psicológico que muchos actores buscan.

La situación de descontrol de algunas grandes agencias sobre sus clientes dio lugar a un chiste malicioso en los primeros años setenta cuando fue secuestrada Patty Hearts, heredera del imperio periodístico que lleva su nombre. El chascarrillo, muy popular en Hollywood, aseguraba que si la policía no sabía dónde se encontraba la muchacha era porque acababa de fichar con la agencia William Morris.

Ahí entran en juego los representantes personales, que en inglés se les llama *personal manager*, por contraposición a los *agent*, que son los representantes de las agencias. La función de ambos es similar, sólo que el trato con la agencia suele ser frío e impersonal, por lo que las estrellas además contratan a un representante personal para recibir un trato más humano, tener a alguien que haga un seguimiento al día de sus asuntos e, incluso, que trate con la agencia en su lugar.

Los representantes personales son, o al menos lo parecen mucho, agencias de tamaño reducido con pocos clientes que cobran una comisión mayor por su trabajo como ya se ha dicho. En el pasado se ocupaban de lo referente a los viajes, reservas de hotel y asuntos similares de sus clientes, pero en la actualidad su trabajo abarca todos los aspectos de sus carreras, lo que provoca no pocos conflictos con las agencias.

La diferencia esencial entre ambos es que en el Estado de California, donde está Hollywood, las negociaciones de los contratos y proyectos de las estrellas sólo pueden llevarlas a cabo los representantes de las agencias artísticas legalmente reconocidas, pero no los representantes personales. En la práctica, muchos de estos últimos dirigen la vida profesional de sus clientes, a pesar de la prohibición legal que existe.

Ningún respresentante, de agencia o personal, por mucho poder que tenga, está contento con su situación y siempre sueña con emprender nuevas aventuras. En esto tienen ventaja los representantes personales, ya que al no estar regulados en la ley pueden hacer lo que quieran, generalmente producir, sin tener que renunciar a su profesión por ello. A los que dependen de agencias, en cambio, la ley les prohíbe trabajar a la vez para estrellas y como productores.

Lo que ocurre es que no siempre puede resistirse la tentación y en el verano de 1995 los dos máximos responsables de la CAA renunciaron a sus puestos en la agencia para iniciar una nueva etapa profesional como productores. Michael Ovitz al frente de la compañía Walt Disney y su socio de mucho tiempo Ron Meyer como presidente de la MCA-Universal. Eso ha abierto una nueva guerra entre las agencias para sacar provecho por el indudable vacío que su marcha ha provocado en la CAA.

Muy lejos de estas agencias estrella hay varios cientos más, que ofrecen toda clase de posibilidades, hasta las más inimaginables. En una, la especialidad es la imagen de los actores muertos. Clark Gable, Judy Garland, Mae West, Boris Karloff y Bing Crosby siguen trabajando a pleno rendimiento en anuncios de todo tipo, aunque la más ocupada sigue siendo aún Marilyn Monroe, a la que no se le resiste ningún producto.

En cambio, si se quiere contar con el protagonista de algún escándalo hay que ir a la Webb Agency, con clientes como John Wayne Bobbit, el marine al que tras cosérsele el pene que le amputó su mujer, se ha hecho actor porno; la patinadora Tonya Harding, famosa por atentar contra una colega, que participó en el musical de Lloyd Weber *Starlight Express* y no quiso trabajar con Woody Allen, y Heidi Fleiss, la «madame de Hollywood», con su propia línea de ropa para la intimidad del hogar.

9

ENREDOS DE FAMILIA

(Infancia y maternidad en Hollywood)

«UNA carrera es algo maravilloso, pero no te calienta en las noches frías», escribió Marilyn Monroe. Un puñado de abortos y un deseo obsesivo de maternidad fue lo más cerca que estuvo la actriz de formar una familia. Sólo hay algo más difícil para una mujer en Hollywood que alcanzar el estrellato: ser madre. De joven no le queda tiempo que perder en embarazos y al madurar está muy ocupada fingiendo que sigue siendo joven.

En la actualidad una estrella puede ser una *sex symbol* en la pantalla y, a la vez, tener una imagen de madre solícita en su vida privada. A Demi Moore, por ejemplo, no es raro verla en las revistas, en momentos familiares, con su marido, Bruce Willis, y sus hijos. Eso no impide que su imagen en el cine oscile entre el objeto sexual de *Proposición indecente* (1993), la mujer eróticamente agresiva de *Acoso* (1994) y la bailarina llena de sensualidad de *Striptease* (1996).

Esa dualidad resultaba impensable entre las divas del pasado. Sus vidas estaban controladas por los grandes estudios y a los productores les asustaba que sus diosas de la pantalla perdieran su encanto si se mostraban como mujeres de carne y hueso. Esa imagen de seres fuera del mundo ha llegado hasta hoy y no deja de resultar chocante ver, en fotos antiguas, con el aspecto que tenían en sus viejas películas, a Bette Davis, Marlene Dietrich, Lana Turner o Joan Crawford con sus hijos.

No menos sorprendente suele ser la respuesta demoledora de los hijos cuando se les pregunta sobre cómo era su madre o su padre en la intimidad del hogar. «El modo en el que algunos hijos de celebridades escriben libros críticos sobre sus padres —se quejó Ronald Reagan—, ayuda a comprender por qué hay especies animales que devoran a su prole.» El propio Reagan soportó la biografía escandalosa de su hija Patty denunciando los malos tratos que recibió de pequeña de su madre, Nancy.

«Un niño —explica la psicóloga clínica de Hollywood Marilyn Ruman— ya tiene bastantes problemas para controlar las relaciones con sus padres, y viceversa, como para añadir a esa tensión la carga que supone la celebridad. Los hijos de los famosos, y no es necesario que sean del cine, tienen con frecuencia problemas de identidad.» Dentro de las mansiones de la meca del cine los sentimientos de los más pequeños oscilan entre la necesidad de amor y el odio.

«Al crecer en Beverly Hills —recuerda Peter, el

hijo de Glenn Ford—, pasé mi infancia rodeado de famosos. Vivíamos cuatro puertas más abajo de Mary Pickford, que me contaba cuentos sentado en sus rodillas. Fred Astaire también era del vecindario y Charles Chaplin vivía a nuestro lado. De hecho, unas Navidades Chaplin atropelló a mi pobre perro, un pastor alemán, y yo nunca le he perdonado por eso.»

Peter Newton Ford, nacido en 1945, es hijo de Glenn Ford y Eleanor Powell, la estrella de los musicales de la Metro Goldwyn Mayer. Sus padres se separaron cuando tenía catorce años y él se quedó con su madre. «Papá era muy estricto —dice—. Me enseñó a manejar las herramientas de su taller y construimos juntos toda clase de muebles. Sin embargo, fue de mi madre de quien aprendí lo que significa la bondad, el amor y el afecto.»

Pocos actores se mantienen como padres a la altura de su imagen pública. Por ejemplo, John Wayne, con su aspecto de hombre grande y fuerte, pero, en el fondo, tierno, fue la viva representación del «padre perfecto», idealizado por todos los americanos. Hasta el diario *The New York Times* lo reconoció así. Sin embargo, el astro sentía debilidad por las mujeres morenas, de origen latinoamericano, con tres de las cuales se casó, y tuvo siete hijos.

Josephine Sáenz, de ascendencia dominicana, con la que se casó en 1933, le dio cuatro hijos (Michael, Antonia, Patrick y Melinda), antes de divorciarse en 1944. Con la bailarina y cantante mexicana Esperanza «Chata» Baur, su esposa entre

1946 y 1953, no tuvo descendencia. Su última mujer, la actriz peruana Pilar Pallette, con la que se casó en 1954, le dio tres hijos (Aissa, Ethan y Marisa).

Con Pilar, John Wayne trató de recuperar en sus últimos años de existencia una vida familiar y de hogar que había perdido tras separarse de Josephine, una mujer profundamente católica que jamás aceptó la validez de su divorcio. Por eso, hasta su muerte, el actor mantuvo una relación fría y distante con sus hijos mayores y controló a los menores hasta el extremo de rozar la paranoia.

«Cuando mi padre vivía, me preguntaban continuamente: "¿Qué se siente al ser la hija de John Wayne?" —ha revelado su hija Aissa, que ha necesitado todo un libro, *John Wayne, my father* (Random House, 1991), para responder.» Hubo cosas buenas, como hacer un papelito con tres años y medio junto a su padre en *El Álamo* (1960) y recibir una cría de elefante como regalo de su séptimo cumpleaños.

A la hora del balance, Aissa ha definido a su padre como un hombre «enorme, entrañable, valiente, bueno, tenaz y vital». Con todo, las alegrías no compensaron las amarguras y aún guarda de su infancia dos recuerdos que le angustian. Las continuas demostraciones de cariño que le exigía su progenitor y que no la dejaban salir nunca de casa, salvo con sus padres o al colegio, por temor a sufrir un secuestro.

A los siete años, como excepción, fue al cine con una amiga y la madre de ésta. La película era de John Wayne. Hasta entonces, sólo estaba habituada a la sala de cine que tenían en casa y nunca había experimentado la reacción que su padre provocaba en el público. Lo que sintió aquel día, a oscuras, rodeada de gente fue extraño. «El que aquellos desconocidos creyeran que mi padre era tan cautivador —confiesa— me produjo un ligero orgullo y una pizca de resentimiento.»

La relación de hijos de estrellas víctimas de infancias terribles es larga. Los testimonios abarcan desde el suicidio de Cheyenne Brando y la pena de prisión que cumple su hermano Christian, a los horrores revelados en sus biografías por los hijos de Yul Brynner, Lana Turner, Marlene Dietrich, Bette Davis, Ronald Reagan y Joan Crawford, ésta última, llevada al cine en la película *Queridísima Mamá* (1981).

La sensación de falta de libertad es común en los hijos de las estrellas. Siempre se les compara con unos padres a los que apenas ven y viven bajo la vigilancia de un ejército de sirvientes y guardaespaldas por miedo a un secuestro. Sobre todo, desde el rapto de los hijos del aviador y héroe nacional Charles Lindberg en 1932, de Frank Sinatra en 1964, y de Marlon Brando en 1972. El asesinato del primero conmocionó al mundo, mientras que los dos últimos fueron liberados vivos.

No es raro tampoco que los niños sean víctimas del odio de sus padres, como le ocurrió a Charlie Chaplin Jr., hijo primogénito del genial cineasta. «Tengo que advertirte —le avisó su madre, Lita Grey—, que llevas su nombre y él quería que fuera sólo suyo. Ahora hay dos Charlie Chaplin y por eso tratará de destruirte.» El joven Chaplin acabó alcohólico incapaz de superar la comparación constante con su progenitor.

En su biografía, *Mi padre, Charles Chaplin* (Seix Barral, 1963), confesaba: «Quiero lograr como actor algo que merezca la pena, por eso, cuando se tuercen las cosas y no tengo respuesta, si la gente me pregunta "qué estas haciendo ahora, Charlie", es cuando bebo.» En marzo de 1968, a los cuarenta y dos años, murió víctima de una embolia, consecuencia de su alcoholismo. Otros, como los hijos de Paul Newman, Gregory Peck, Mary Tyler Moore, Charles Boyer y Jennifer Jones optaron por el atajo del suicidio.

Tres son las formas en las que pueden madurar los hijos de las estrellas. La mayoría se adapta, con sus altibajos, a una vida más o menos corriente como el resto de los mortales. Un grupo menor, pero más llamativo, lleva existencias trágicas que les conducen a la autodestrucción. Por último, los menos, heredan o incluso superan el genio de sus padres y continúan la tradición familiar formando dinastías artísticas.

Los Huston, por ejemplo, son la única familia en la que tres generaciones han ganado el Oscar. El abuelo, Walter, por *El tesoro de Sierra Madre* (1948); el padre, John, como director de esa misma película, y la hija, Anjelica, por *El honor de los Prizzi* (1985), dirigida también por su padre. Tampoco hay que olvidar que Judy Garland lo ganó por *El mago de Oz*

(1939), su marido, Vincente Minnelli, como director de *Gigi* (1959), y su hija, Liza Minnelli, por *Cabaret* (1972).

Lo malo de las dinastías es que junto a las virtudes se heredan lacras que se trasmiten de generación en generación. Los Barrymore son un buen modelo, ya que sus miembros, y son decenas, con distintos apellidos, han heredado por igual la vocación artística y la afición por el alcohol y las drogas. La estirpe la fundó en el siglo XIX el actor Herbert Blyth, que cambió su nombre por el de Maurice Barrymore y se casó con Georgina, actriz miembro de la estirpe teatral de los Drew.

Los tres hijos de la pareja, Lionel, Ethel y John, se dedicaron al cine, aunque sus mayores éxitos los lograron en la escena, donde se les conocía como «la familia real de Broadway», por el distrito teatral de Nueva York en el que, aún hoy, un local lleva su nombre. Además, el respeto hacia ellos es tal en Estados Unidos que un sello postal honra su memoria y hay gente que pone Barrymore de nombre a sus hijos.

Nunca ha sido un secreto que los tres abuelos Barrymore no sintieron jamás un gran aprecio por el cine y que si fueron a Hollywood fue atraídos por el dinero. En el teatro ganaban unos 500 dólares a la semana. En el cine, en cambio, Ethel recibía hasta 15.000 dólares por dos semanas de rodaje y John llegó a ganar casi medio millón de dólares sólo en 1931. Los tres hermanos, que sólo coincidieron en el filme *Rasputín y la zarina* (1933), hacían continuas escapadas al teatro.

El lado oscuro del genio de los Barrymore ha sido el alcohol y las drogas, herencia del bisabuelo Maurice, que murió en un manicomio víctima de los excesos. Esa lacra ha marcado sobre todo a la rama de John Barrymore, que murió de cirrosis, como su hija Diana. Su otro hijo, John Drew, es un alcohólico que vive vagabundo y mendigando desde hace años. Su nieta, Drew Barrymore, era alcohólica a los nueve años, adicta a la droga a los doce e intentó suicidarse a los catorce.

«Lo peor de ser una Barrymore —se lamenta Drew— es toda esa gente que me dice: "Yo conocí a tu abuelo y recuerdo que una noche estaba tan borracho que...".» Las anécdotas sobre John Barrymore son incontables. Se dice que el terremoto de San Francisco le pilló pasado de alcohol en la habitación de un hotel. A la mañana siguiente, apareció por recepción con su maleta y dijo: «Tengo que cambiarme de hotel porque con el jaleo que hay en éste me es imposible dormir.»

Candice Bergen, más entregada los últimos años a la serie de televisión *Murphy Brown* que al cine, es también hija de una estrella, el ventrílocuo Edgan Bergen. Fuera de Estados Unidos su padre no es muy conocido, pero en su país fue un ídolo nacional al que se dedicó hasta un sello postal. En su infancia de ensueño, ella imaginaba que los muñecos de su padre eran los hermanos que no tuvo hasta que fue adolescente.

Los hijos del actor James Stewart y los del músico Arthur Rubinstein fueron sus compañeros de juegos. Fred Astaire y Cary Grant visitaban con frecuencia su casa. El «tío» Walt Disney la invitaba a conducir su tren en miniatura, David Niven se disfrazaba para ser su Santa Claus en Navidad y Charles Chaplin posaba para ella cuando quería hacer fotos. Así es lógico que ella también decidiese ser actriz.

Durante años Candice antepuso su carrera de modelo, fotógrafa y actriz, a su vida privada. Nacida en 1946, esperó hasta los treinta y cuatro años para casarse con el director de cine francés Louis Malle, muerto de cáncer en la Navidad de 1995. Al dar a luz a su hija Chloe, ya había cumplido los treinta y nueve años y cuando quiso darle un hermanito, ya era tarde. Sus compromisos televisivos y los consejos de su ginecólogo se lo impidieron.

Lo que le ha ocurrido a Candice Bergen es el precio que pagan las mujeres en Hollywood por el éxito. Cuando una actriz inicia su carrera en el cine, su representante le da una buena noticia y otra mala. La buena es que, al contrario que sus colegas varones, podrá llevar una vida sexual libre sin temor a chantajes o demandas de paternidad. La mala noticia es que un embarazo sería el modo más rápido de acabar con su futuro.

El costo profesional de la maternidad se hace demasiado alto. Robin Wright, la dulce protagonista de *La princesa prometida* (1987), perdió el papel de Lady Marian junto a Kevin Costner, en *Robin Hood, el príncipe de los ladrones* (1991), porque se quedó embarazada. Lo mismo que le pasó a Annette

Bening, que se quedó en estado tras ganar el codiciado papel de la mujer gato en *Batman vuelve* (1992), por lo que fue sustituida por Michelle Pfeiffer.

En una industria que adora a las veinteañeras, tipo Julia Roberts y Winona Ryder, las cosas se ponen difíciles para las mujeres a partir de los treinta años y cumplir los cuarenta resulta mortal. Con una vida estelar tan breve, no hay tiempo para perderlo en embarazos y la mayoría de actrices demora tener hijos hasta que están bien entradas en la treintena. Cuando sus carreras de «sex symbols» consumen ya su fase final.

Kim Basinger tuvo una niña en octubre de 1995 a los cuarenta y un años, y Jane Seymour fue madre de gemelos, un mes más tarde, a los cuarenta y cuatro. Sus casos no son nuevos. Ursula Andress fue madre a los cuarenta y tres; Glenn Close a los cuarenta y uno; Sigourney Weaver, Anne Bancroft y Bette Midler a los cuarenta; Lucille Ball, Renee Russo, Bette Davis, Faye Dunaway, Susan Sarandon y Mimi Rogers a los treinta y nueve; Linda Hamilton a los treinta y seis; Olivia de Havilland a los treinta y cinco, y Kathleen Turner a los treinta y tres.

Las complicaciones que acompañan al embarazo de una mujer madura se multiplican durante el parto. Sobre todo en las primerizas, como Connie Selleca, protagonista de la teleserie *Hotel*, que dio a luz por cesárea a una niña tras cuarenta horas de parto. Cassandra Peterson, la vampira alocada del filme *Elvira* (1988), sufrió cinco abortos antes de tener una niña, a los cuarenta y tres años, después de veintiséis horas de complicado parto.

Algunas actrices han descubierto que la televisión les permite compatibilizar la maternidad con su carrera. Mariel Hemingway y Melissa Gilbert han renunciado al cine a cambio de las facilidades que ofrecen las teleseries para tener una vida familiar casi normal. No hay que viajar y la jornada, como se acaba pronto, les permite cenar en casa con sus críos. Por si fuera poco, un embarazo real podría incorporarse a la serie.

La situación de los actores es distinta. A un hombre la paternidad no le hace perder papeles, pero sí le devuelve una segunda juventud. Quizá por eso los últimos papás de la meca del cine parecen abuelos de sus hijos y padres de sus parejas. Son Jack Nicholson, Warren Beatty, Denis Hopper, Ed Asner, Rod Steiger, Clint Eastwood, James Caan y Marlon Brando, que aún en 1995, con setenta y un años, tuvo un hijo, el duodécimo que reconoce legalmente, con su doncella mexicana de treinta y siete años.

La adopción es el último recurso que ofrece Hollywood a las estrellas para colmar frustrados deseos de maternidad sin poner en peligro sus carreras, sus figuras o su integridad física. Como tantas otras cosas en la meca del cine, muchas adopciones no son todo lo serias que parecen y se hacen por acallar conciencias complacientes, por seguir la moda o, incluso, para dar una bonita imagen de familia en las fotos.

En pocas comunidades se da tal proporción de

hijos adoptivos como en el cine. Hay casos extremos, como el de Joan Crawford, que no tuvo hijos biológicos y prohijó cuatro. Ése parece el camino elegido por Tom Cruise y su mujer Nicole Kidman para formar su familia, al adoptar a Isabella en 1993 y a Conor, niño de color, en 1995. Lo más fecuente es alternar los hijos biológicos con los adoptivos, como hace Mia Farrow.

Michelle Pfeiffer, incapaz de esperar más, en 1993, en la cima de su carrera, decidió formar una familia. Adoptó a una niña y se casó con David Kelley, productor de la serie de televisión *La ley de Los Ángeles*. Lo que no podía imaginar la actriz es que iba a quedarse embarazada y, a los diez meses justos de adoptar a su hija, con treinta y siete años, dio a luz a un niño. «El papel de madre —asegura— es el más gratificante y difícil del mundo. No creo que haya nada mejor, ni siquiera un Oscar.»

Sin cuestionar la autenticidad de los sentimientos de nadie, es innegable que en los últimos años tener hijos se ha convertido en una verdadera moda en Hollywood. No a todas las madres les hace felices la idea de que su familia viva en ese mundo enrarecido que se basa sólo en el falso brillo de las apariencias. De ahí que cada vez más estrellas prefieran huir de la ciudad con su familia hacia un medio más natural.

Sissy Spacek, Kelly McGillis y Jessica Lange dieron el paso hace tiempo y viven lejos de los estudios, por lo que se les mira con desconfianza en los ambientes del cine. Jessica Lange, que revitalizó su decaída carrera con el Oscar que ganó por *Las cosas que nunca mueren* (1994), marca distancias con la industria pronunciando frases como: «Prefiero alimentarme del cariño de mi familia que del éxito del cine.»

El modelo de actriz que ha sabido conjugar las exigencias de su brillante carrera con las necesidades de la maternidad es Meryl Streep. Casada con el escultor Donald Gummer desde 1978, tiene cuatro hijos y jamás ha antepuesto el trabajo a su familia. Su éxito radica en practicar lo que llama con humor, «el año maternal». O sea, que después de trabajar un año, se retiraba, tenía su hijo y no regresaba hasta haberlo criado.

Los niños en Hollywood nunca han sido una especie muy protegida. En especial desde que Macaulay Culkin inició, con el éxito de *Solo en casa* (1990), la edad de oro que viven los actores infantiles en el cine. Más de siete mil infantes buscan hoy su oportunidad en la ciudad, en la que hay a su disposición unas setenta agencias especializadas. Nunca antes fueron tan populares los chavales en la pantalla ni habían disfrutado de un poder y unos sueldos como los actuales.

«¿Cómo es posible que tus padres de ficción te olviden *Solo en casa* por segunda vez?», le preguntó Bob Hope a Macaulay Culkin en el estreno de *Solo en casa 2. Perdido en Nueva York* (1992). La respuesta del chaval fue contundente: «Porque el estudio ganó 500 millones de dólares la primera vez.» Las dos películas juntas recaudaron 826 millones de dólares y todos los productores de la ciudad se apresuraron a buscar al nuevo Culkin que les hiciera ricos también a ellos.

El reconocimiento de la industria llegó, después que el de la taquilla, con la concesión del Oscar a Anna Paquin, de once años, por su excelente labor en *El Piano* (1993). Muchas cosas han cambiado entre esa noche de 1994, en que la pequeña actriz neozelandesa recibió su estatuilla, y la época, en pleno cine mudo, en la que Jackie Coogan se convirtió en la primera estrella infantil con *El chico* (1920), pero los problemas de los niños en el cine siguen siendo los mismos.

La conmovedora imagen de Anna Paquin, enmudecida por la impresión, al recoger su Oscar, resume de modo gráfico el destino, entre inocente y trágico, que ha marcado siempre a las estrellas infantiles. «Acaban de arruinar su vida —declaró la actriz Rosie O'Donnell—, porque es imposible que nada de lo que pueda sucederle ya, por muy hermoso que sea, supere el momento mágico para ella de la noche en la que ganó el Oscar.»

Desde el mismo instante en que un niño comienza en el cine, todos los que se benefician de su éxito, y son muchos, temen el día en el que cumpla los catorce años, la edad fatídica que ha acabado con todos los querubines de la pantalla. Ni siquiera Shirley Temple, con su Oscar honorario a los siete años y sus 60.000 cartas de fans al mes, superó esa batalla contra el tiempo que tiñe de angustia el éxito infantil.

El caso más cruel fue el de Gary Coleman, el

niño de color de la teleserie *Diferencias irreconciliables*. Cuando los productores supieron que tenía una grave afección renal que impediría su crecimiento, creyeron que les había tocado la lotería. Gracias a su enfermedad pudieron mantenerle ocho años haciendo el mismo personaje, Arnold, sin que su físico cambiara con la edad. La serie sólo se acabó cuando la debilitada salud de Gary hizo imposible seguir.

Contra todo pronóstico, el muchacho se salvó de la muerte, pero no de la ruina. Sus padres y su representante, convencidos de que moriría, manipularon desde el principio su fortuna, de 24 millones de dólares, hasta no dejarle nada. En 1990, el actor les demandó por un millón de dólares y ganó, lo que provocó la promulgación de una ley que trata de evitar que en el futuro se repitan situaciones semejantes.

Lo paradójico del caso es que a Jackie Coogan, aquel primer niño actor, le ocurrió lo mismo en 1939 y ya entonces se dictó la llamada «Ley Coogan», que debería haber protegido a Gary Coleman. La realidad es que entre los padres, tutores, representantes, productores y directores acumulan un auténtico arsenal de recursos con el que eludir todas las leyes y normas sindicales que tratan de proteger a los menores.

La legislación del Estado de California, al que pertenece Hollywood, es de las más estrictas al respecto. No permite que un niño trabaje más de cuatro horas al día y obliga a que en una jornada laboral disponga, además, de una hora para comer y de tres horas más para recibir escolarización. Sin embargo, en otros lugares de los Estados Unidos, como Nueva York, las normas son mucho menos exigentes.

Cuando el director William Friedkin supo que no le iban a permitir en California que sometiera a la pequeña Linda Blair a sesiones de maquillaje de cinco horas para su papel en *El exorcista* (1973), sólo tuvo que trasladar el rodaje a Nueva York para eludir la ley. Años después, Martin Scorsese hizo lo mismo con *Taxi Driver* (1976), para evitar la prohibición de que la entonces jovencísima Jodie Foster participara en determinadas escenas eróticas, impropias para una niña.

Para ajustar la ley a las necesidades de rodaje se usan gemelos para un solo papel. Cada niño trabaja cuatro horas, pero juntos completan ocho. Es lo que hizo Steven Spielberg en *Los Picapiedra* (1994), pero el cineasta no fue tan cuidadoso unos años antes con *En los límites de la realidad* (1983), un rodaje en el que un helicóptero aplastó a Vic Morrow y a dos niños de origen asiático que trabajaban de madrugada y en tomas peligrosas de forma ilegal.

La violencia se torna psíquica cuando hay que filmar escenas de llanto. Al rodarlas, a Shirley Temple le obligaban a imaginar que había muerto su madre y a Jackie Cooper le amenazaban con matar a su perro. Otras veces, es el chaval el que chantajea a los mayores con sus lágrimas. A Tatum O'Neal, ganadora del Oscar a los nueve años por *Luna de*

Papel (1973), le pusieron el apodo «Tantrum O'Neal», que pronunciado en inglés suena parecido a su nombre, pero significa «rabieta O'Neal».

Cuando llegan los lloros de verdad es el día que la fama se acaba. Pocos niños estrella están preparados para ese momento y muchos pasan años en tratamiento psiquiátrico para superarlo. Para ellos es mucho más duro que para los adultos, porque como se les oculta lo que va a ocurrirles, al suceder, no comprenden qué han hecho mal para que ya nadie estime eso mismo que hasta entonces había gustado tanto a todos.

Cuando se desencadena la crisis es fundamental el amor de los padres. Gracias a él, Shirley Temple rehízo su vida como diplomática y Ron Howard se convirtió en el director de éxito que es hoy. Entre los supervivientes se cuentan también Jodie Foster, Winona Ryder, Elizabeth Taylor y Brooke Shield, que fue el prototipo de niña víctima de una madre ambiciosa que proyecta sobre su hija su propio deseo de triunfar.

La reacción más común es, sin embargo, de odio hacia los padres, que suelen ser actores frustrados o antiguos niños prodigio. «Un padre que mete a su hijo en el negocio del espectáculo es un proxeneta», mantiene Paul Petersen, ex niño prodigio fundador de un grupo de apoyo para compañeros inadaptados. En el capítulo de las víctimas hay que mencionar a River Phoenix, muerto de sobredosis en 1993, y a Drew Barrymore, que parece que logró salir al fin del pozo.

Macaulay Culkin, Elijah Wood, Anna Paquin, Mara Wilson, Tina Majorino, Christina Ricci, Edward Furlong y Kirsten Dunst son algunos de los últimos niños estrella que han pagado el precio más caro que hay por el éxito: su propia inocencia. La popular Shirley Temple lo recordaba en una ocasión: «Dejé de creer en Santa Claus el día que mi madre me llevó a verle a unos grandes almacenes y él me pidió un autógrafo.»

10

LA HISTORIA INTERMINABLE

(A vueltas con el guión)

EN el cine no hay trabajo más paradójico que el del guionista. Es el motor de la película, pero también su principal obstáculo. En realidad, su sueldo es el salario del silencio. Se le paga para que invente una historia que muchos otros alterarán tras él, hasta dejarla irreconocible, cuando el público la ve en la pantalla. Una vez que el autor entrega su guión, ya no tiene modo de defender la integridad de su trabajo.

«Sería inimaginable —se lamentaba Ernest Lehman, guionista de *Con la muerte en los talones* (1959), llevada al cine por Alfred Hitchcock— que un escritor le dijera a un director cómo dirigir, a un productor cómo producir, a un actor cómo actuar o a un fotógrafo cómo iluminar una escena; pero no es del todo impensable que "alguien" le indique a un escritor cómo se escribe.» No se ha expresado mejor el calvario de las personas que escriben para el cine.

La relación entre Hollywood y los escritores siempre ha sido, sin embargo, de un amor-odio intenso. Cuando Hemingway vendió al cine los derechos de *El viejo y el mar* (1959), les aconsejó a sus colegas: «Cuando acabes tu libro, vas a la frontera de California y lo arrojas al otro lado. Pensándolo mejor, primero, que te pasen el dinero por encima, y luego, lo tiras y sales disparado de allí como del infierno.»

La mayoría de los problemas los provoca la inseguridad creada por dos factores. Nadie puede prever qué le va a gustar al público y los productores no tienen criterio literario. En consecuencia, los guiones sufren infinidad de retoques antes de llegar a la pantalla. En *La caza del Octubre Rojo* (1990), por ejemplo, participaron nada menos que veinticinco guionistas, cifra que en *Los Picapiedra* (1994) se elevó a treinta y cinco.

¿Cómo es posible que participen tantos creadores en una misma historia sin que estalle la tercera guerra mundial? La respuesta está en el proceso de elaboración del guión. Cada vez que un guionista entrega su texto a un responsable de la película, éste se lo da a otro escritor para que lo pula y añada algunas mejoras que se le han ocurrido. Como hay muchos responsables y cada uno tiene infinidad de ideas, el proceso sólo se detiene ante los problemas financieros.

Los hermanos Marx, siempre originales, llevaron la locura un poco más lejos y convirtieron al público en coguionista de *Una tarde en las carreras* (1937).

Con el primer borrador, montaron una obra teatral que llevaron de gira mes y medio por Estados Unidos. Encuestaron a 30.000 espectadores y estudiaban la reacción de la audiencia durante las funciones. Si un chiste no hacía reír, se sustituía por otro nuevo. Superaron la prueba ciento setenta y cinco situaciones cómicas, de las que se usaron para la película las setenta y cinco que resultaron más divertidas.

Como es imposible seguir ese procedimiento con todas las películas, para reducir riesgos los productores optaron desde siempre por contratar como guionistas a los profesionales que les resultaban más solventes. Es decir, autores de prestigio. «He conseguido al mejor escritor por 300 dólares a la semana», llegó a proclamar orgulloso Jack L. Warner, magnate de Warner Bros., tras fichar en los años treinta a William Faulkner, novelista que recibió el Premio Nobel de Literatura en 1950.

La paranoia por controlar el proceso de elaboración de los guiones alcanzó el paroxismo con Samuel Goldwyn, fundador de la Metro Goldwyn Mayer, que en 1925 llegó a viajar a Viena con la intención, declarada a *The New York Times,* de contratar «al mayor especialista en amor del mundo»; o sea, a Sigmund Freud. La oferta no impresionó al padre del psicoanálisis, que se limitó a replicar, desde las páginas del diario austriaco *Die Stunde:* «No pienso recibir al señor Goldwyn.»

No todos los intelectuales estaban en condiciones de cerrarle la puerta a Hollywood, sobre todo con la Gran Depresión encima y teniendo en cuenta los excelentes sueldos que se pagaban en el cine. Entre los colosos de la literatura contemporánea que aceptaron trabajar para los estudios, estaban Aldous Huxley, F. Scott Fitzgerald, Dorothy Parker, Raymond Chandler, Bertolt Brecht y el ya citado Faulkner.

Mención aparte merece el paso por la meca del cine, nunca valorado lo bastante en España, de Vicente Blasco Ibáñez. El autor valenciano, un enamorado de las películas, dirigió él mismo la primera adaptación a la pantalla de su novela *Sangre y arena* (1916) y visitó Hollywood en 1919. «El cinematógrafo llena el mundo —declaró entusiasta al volver—, pero aún nadie ha llegado a ser un novelista universal cinematográfico. Voy a ver si un español ocupa el puesto por derecho de conquista.»

Resulta lamentable comprobar cómo se han olvidado en España sus enormes aportaciones a Hollywood, donde, por el contrario, siempre se valoraron mucho sus obras. El mito del «amante latino» se forjó con material literario de Blasco Ibáñez. El idolatrado Rodolfo Valentino llevaba hechas veinte películas sin darse a conocer, hasta que saltó al estrellato como protagonista de las adaptaciones de *Los cuatro jinetes del Apocalipsis* (1921) y de *Sangre y arena* (1922).

Por entonces, el nombre de Blasco Ibáñez se hizo sinónimo de éxito y le encargaron que escribiese historias directamente para la pantalla. Fue el caso de *Argentine Love* (1924), interpretada por Bebe Daniels, la gran diva del cine mudo que fue condenada a diez días de cárcel por exceso de velocidad y los cumpió en una celda decorada con una alfombra persa, en la que llegó a recibir ochocientas visitas. También escribió, entre otras, *La encantadora Circe* (1924), para otra gran estrella, Mae Murray.

La Metro Goldwyn Mayer le compró, además, los derechos de sus novelas *Entre naranjos* y *La tierra de todos.* Ambos relatos, con sus títulos originales, fueron el vehículo de lanzamiento de la nueva adquisición europea del estudio, una tímida actriz sueca llamada Greta Garbo. Con ambas películas estrenadas en 1926, se forjó el mito de la Garbo, en un fenómeno similar al ocurrido antes con Valentino.

Años después, Rita Hayworth fue otra seductora de la pantalla que reveló toda su irresistible capacidad de atrativo erótico gracias a un personaje creado por Blasco Ibáñez. Hija de bailarines españoles, Margarita Cansino, que tal era su verdadero nombre, inició su carrera de gran «sex-symbol» de los años cuarenta gracias a su papel de Doña Sol, que llevaba a Tyrone Power a la perdición en *Sangre y arena* (1941).

Al aparecer el sonoro, a finales de los años veinte, el cine dejó de ser, momentáneamente, universal y la existencia de los distintos idiomas se convirtió en un problema para Hollywood. Como aún no estaba perfeccionado el doblaje, los estudios utilizaron el recurso de filmar versiones en francés, alemán y castellano de sus éxitos en inglés. Para ello, hubo que importar actores y escritores que hablaran esas lenguas.

Fue la época en la que trabajaron en Hollywood grandes escritores españoles, como Jardiel Poncela, Miguel Mihura y Edgar Neville. Hicieron gran amistad con Charles Chaplin, Stan Laurel, Oliver Hardy, Mary Pickford y otras luminarias del momento y dejaron un gran recuerdo al irse, pero su aportación artística fue imperceptible, ya que, en esencia, su trabajo se redujo a adaptar al castellano guiones originales en inglés.

«En realidad —recordaba el desaparecido dramaturgo y académico José López Rubio—, intentaron llevar a autores consagrados, como los hermanos Quintero, Jacinto Benavente y Carlos Arniches, pero éstos no quisieron. Arniches, por ejemplo, contestó que no iba porque no había agua de Solares.» En cambio, Wenceslao Fernández Flórez murió con la amargura de que Walt Disney no adaptara al cine su relato *El bosque animado.*

Con independencia de su nacionalidad, en Hollywood nunca han sabido muy bien qué hacer con los escritores, a los que siempre se ha sometido a toda clase de humillaciones. En la época dorada de los estudios, por ejemplo, tenían las peores oficinas y se les obligaba a fichar para garantizar que trabajaban de nueve de la mañana a seis de la tarde, de lunes a viernes, y los sábados hasta mediodía.

La estancia de grandes autores en la meca del cine no dio los resultados esperados. William Faulkner resumió los suyos en una carta a su jefe, Jack Warner, que tanto había presumido al contratarle. «En mis tres años en la Warner —le dijo—, trabajé lo mejor que supe en cinco o seis guiones. Sólo dos llegaron a hacerse y si mi nombre figuró en los créditos no fue por su calidad, sino por mi amistad con el director Howard Hawks.»

El dramaturgo alemán Bertolt Brecht, que también se había dejado seducir por el cine, llevó su amargura más allá y en 1942 escribió su famoso poema *Hollywood*, en el que recogía su estado de ánimo por el trato que les daban los productores a él y a sus colegas. «Para ganarme el pan, cada mañana/ voy al mercado donde se compran mentiras./ Lleno de esperanza/ me pongo a la cola de los vendedores.»

La falta de respeto hacia el guionista se ha agudizado con la llamada «política de autor», promovida por la crítica francesa, que atribuye al director toda la paternidad de una película. Esto explica, por qué, por ejemplo, los productores se reservan el derecho a realizar cualquier modificación que consideren oportuna en un guión, a la vez que impiden a los guionistas que asistan a los rodajes.

Los escritores, en cambio, consideran a los directores como intérpretes de sus ideas. Para ellos, pretender que el autor único de una película es su realizador les parece una aberración semejante a decir que un director de orquesta es el autor de la pieza musical que interpreta. Ésa es la razón por la que algunos escritores han tratado de demostrar su tesis probando suerte como directores de sus propios relatos.

Michael Crichton ha dirigido alguna de sus adaptaciones. Por ejemplo, *Coma* (1978). Pero así nunca ha igualado sus éxitos como guionista de sus novelas. En especial, *Parque Jurásico* (1993) y *Sol naciente* (1993). Si bien tuvo que abandonar el rodaje de ésta última, por diferencias con el director Philip Kaufman, tras reescribir cinco veces el guión. Aprendida la lección, en *Acoso* (1994), además de escribir el guión se reservó el puesto de productor ejecutivo.

Stephen King, con una treintena de novelas adaptadas al cine, entre ellas *Carrie* (1976), *El resplandor* (1980) y *Misery* (1990), llegó hasta los tribunales para defender sus derechos de autor y consiguió que retirasen su nombre de la película *El cortador de césped* (1992). Su enfado procedía de que los productores, al rodarla, sólo habían respetado de su relato una escena y el título original.

No era la primera vez que le ocurría algo así a King. «Al ceder los derechos de tu novela —reconoce—, te sientes como un padre que envía a su hija a la universidad. Esperas que le vaya bien, que no se junte a personas inadecuadas y que no la violen en alguna fiesta. Eso es justo lo que me pasó a mí cuando adaptaron *Los chicos del maíz* (1984), pero es imposible mantener el control sobre esas eventualidades.»

Recurrir al pataleo es el último desahogo que les queda a los autores una vez que han vendido sus obras. Tom Clancy, creador del agente de la CIA Jack Ryan, lo empleó a fondo, sin resultado, después de ver *Juego de patriotas* (1992). En su opinión, la película ha prostituido su novela, tiene errores técnicos y Harrison Ford, con cuarenta y nueve años al rodarla, era ya viejo para hacer un personaje de treinta y un años en la ficción literaria.

El derecho de veto sobre el guión, el director y los protagonistas es algo que nadie le cuestiona a John Grisham, un fenómeno editorial que sólo en dos años vendió 30 millones de copias de sus libros, traducidos a treinta y un idiomas. Al contrario que la mayoría de sus colegas, no tiene problemas con los productores, quizá porque nunca ha puesto un pie en Hollywood ni ha mostrado intención de hacerlo.

Tras el estreno de *La tapadera* (1993), le acusaron de haberse vendido al cine, a lo que él respondió, sin inmutarse, con un escueto «Me gusta la película, aunque es verdad que el libro me parece mejor.» No puso mayores objeciones a los resultados de *El informe Pelícano* (1993) y *El cliente* (1994) y en 1995 batió récords al recibir 3,75 millones de dólares por la adaptación de su novela *The Chamber* (1996).

El sentir general del lector es que cuando se lleva una obra literaria a la pantalla siempre se estropea el original. Sin embargo, no tiene por qué ser así. Es un error comparar dos medios de expresión artística tan distintos como son la literatura y el cine. Hecha esta salvedad, se pueden citar bastantes casos de películas que igualan y hasta superan al texto escrito en el que se basan.

Ocurre, sobre todo, con los relatos cortos. Lo demuestran las excelentes *Vidas cruzadas* (1993), en la que el director Robert Altman enhebra, con mano maestra, unos textos breves de Raymond Carver, hasta hacerlos parecer capítulos de una misma obra, y *Testigo de cargo* (1957), en la que Billy Wilder recrea por completo un texto brevísimo de Agatha Christie en el que lo único salvable era la ingeniosa sorpresa final.

Buena parte del éxito de la adaptación de un relato al cine radica en esa reelaboración. ¿Quién, sin haber visto *Las amistades peligrosas* (1988), de Stephen Frears, se habría interesado por leer *Las relaciones peligrosas,* libro que recoge una suma de críticas al poder del antiguo régimen, redactadas en la poco atractiva forma de cartas, por un oscuro funcionario del siglo XVIII llamado Choderlos de Laclos?

Un guionista de confianza que haga el trabajo sucio no tiene precio. Al menos, de un tiempo a esta parte, después de que Joe Eszterhas rompiese el mercado con los 3 millones de dólares que se embolsó por su guión de *Instinto básico* (1992). Con él, los escritores han alcanzado un protagonismo que jamás tuvieron. En la promoción de *Showgirls* (1995), incluso se ha usado su nombre, junto al del director, Paul Verhoeven, para vender la película.

Una vez que los productores creen que han dado con la fórmula del éxito, no dejarán de repetirla mientras siga dando dinero en la taquilla. Unas veces, con continuaciones o «secuelas» del filme original, otras, filmando de nuevo la misma historia con otro reparto o ligeras variaciones, o sea, haciendo «remakes». Por último, inspirándose, más o menos abiertamente, en los éxitos de otros, encubriendo plagios bajo la forma de «homenajes».

En un negocio tan inseguro como es el cine, basado en el gusto, imprevisible y siempre cambiante del público, la apuesta menos arriesgada que puede hacer un productor es filmar la continuación de su último éxito. No en vano, el triunfo de algunas teleseries ha demostrado que cuando gusta un personaje, el televidente vuelve fiel cada semana ante la pequeña pantalla para ver más de lo mismo.

Las secuelas, además, durante mucho tiempo fueron un producto muy barato, lo que aumentaba aún más su posibilidad de ser rentables. Sin embargo, la saga de *El padrino* (1972) lo cambió todo. La primera entrega había costado 8 millones de dólares, pero Francis Ford Coppola gastó tres veces más para rodar su continuación. Lamentablemente, *El padrino II* (1974) recaudó casi tres veces menos que su antecesor, que le había reportado 86 millones de dólares a la Universal.

Los requisitos financieros de una secuela son no costar más de un 40 por 100 que el original y dar, como mínimo, el 60 por 100 de lo que recaudó éste. Algunas, pocas, llegan a superar esa cifra. Por ejemplo, *Aliens* (1986) dio 43 millones de dólares, frente a los 40 millones que había reportado *Alien* (1979). El caso más emblemático ha sido *Arma letal* (1987), que recauda más dinero con cada nueva entrega. La primera dio 29 millones de dólares, la segunda, 79 millones, y la tercera, 85 millones.

Alien y *Arma letal* fueron además el trampolín al

estrellato de sus protagonistas, Sigourney Weaver y Mel Gibson, respectivamente. La evidencia es que, a pesar de su mala fama entre la crítica, las secuelas han sido una gran cantera de estrellas. Baste añadir los casos de Sean Connery, con James Bond, y de Harrison Ford, con las sagas *La guerra de las galaxias* (1977) y *En busca del arca perdida* (1981).

Estas series de aventuras tienen argumentos tan similares que unas se interfieren en otras. Bruce Willis pensaba situar en un barco la tercera entrega de *La jungla de cristal* (1988), cuando Steven Seagal estreno *Alerta máxima* (1992) y le obligó a cambiar sus planes. Para evitar más sorpresas, los guionistas prepararon dos historias. En una, Willis rescataba a su hija secuestrada; la otra se situaba en el metro y ésta fue la que usó para *Jungla de cristal. La venganza* (1995). La clave del éxito de las secuelas está, precisamente, en contar siempre con los mismos intérpretes, pero eso no es fácil. La fama dispara los sueldos de los protagonistas. Otros compromisos hacen imposible reunir a la gente en las fechas y lugares precisos para rodar. Además, y esto es lo peor, el paso del tiempo acaba haciendo demasiado viejos a los actores para seguir encarnando siempre a sus personajes.

Estos inconvenientes afectan más a las sagas en las que cada entrega es continuación literal de una historia anterior, caso de *Rocky* (1976). Sin embargo, hay otro tipo de sagas, por ejemplo las aventuras de James Bond o Batman, en las que es más fácil adaptarse a los cambios porque, si bien se basan en personajes fijos, en cambio, cada entrega, cuenta historias distintas, no siempre conectadas entre sí.

Una solución, que rara vez se aplica, sería rodar varias secuelas a la vez. Como se hizo con *Regreso al futuro II* (1989) y *Regreso al futuro III* (1990), para que Michael J. Fox, con veintiocho años, apurara su última oportunidad de encarnar al atribulado adolescente Marty McFly. El método ahorra problemas y es más económico porque permite, por ejemplo, intercambiar los decorados. El gran problema es que si las películas no van bien en taquilla, el fracaso es doble.

Los estudios de dibujos animados también recurren a las continuaciones para rentabilizar sus éxitos. La Disney lo hizo con *Aladdin* (1992), de la que sacó, sólo en vídeo, *El retorno de Jafar* (1994). Para ahorrar se hizo en talleres de animación para televisión de Australia y Japón sin emplear el tiempo ni la técnica del original. Al verla, la crítica de Hollywood se preguntó: «¿Por qué cree Disney que su leal audiencia de vídeo se contentará con esta imitación barata?»

El auge del vídeo y la proliferación de las cadenas de televisión han ayudado a los dibujos animados, pero han hecho más difícil controlar el período de tiempo que una película está a disposición del público. Eso influye directamente en calcular cuánto ha de esperarse para estrenar las distintas secuelas de un éxito. La media es de tres o cuatro años.

El tiempo se acorta cuando los protagonistas son niños porque crecen deprisa. Así, las segundas partes de *Solo en casa* (1990), que hizo famoso a Macaulay Culkin, y *La familia Addams* (1991), que lanzó a Christina Ricci, salieron a los dos años. En cambio, el director Peter Bogdanovich dejó pasar diecinueve años entre *La última película* (1971) y su continuación, *Texasville* (1990), para que sus actores, envejecidos, reflejaran el transcurso del tiempo en un pueblecito de Texas.

Aun con las sutilezas de Bogdanovich, las secuelas tienen la virtud, en común con los *remakes* o nuevas versiones de viejos éxitos, de que sirven para revalorizar la calidad de los originales. Un ejemplo, reciente, fue *El cabo del miedo* (1991), la patética recreación hecha por el director Martin Scorsese de la espléndida *El cabo del terror* (1962). Por no citar la discreta *Sabrina y sus amores* (1995), a partir de la insuperable *Sabrina* (1954) que dirigió Billy Wilder, y la desvaída *Diabólicas* (1996), en nada comparable a su original, el clásico francés de misterio *Las diabólicas* (1954), de Henri George Clouzot.

El recurso al *remake* es casi tan antiguo como el cine. Además, los constantes adelantos técnicos de la industria lo han favorecido. Al surgir el sonoro, se hicieron versiones habladas de los éxitos del cine mudo y la aparición del color permitió repetir con un nuevo esplendor cromático los títulos filmados en blanco y negro. Cualquier motivo ha sido bueno en Hollywood para rentabilizar de nuevo una historia que gusta al público.

La regla de oro del *remake* es evitar que el original llegue al espectador. Douglas Fairbanks compró y retiró de la circulación el filme alemán *Las tres luces* (1921), del que su director, Fritz Lang, recordaba: «Lo copió todo, aunque, claro, mucho mejor, en *El ladrón de Bagdag* (1924).» La Metro Goldwyn Mayer incluso destruyó el negativo del filme inglés *Luz de gas* (1940) antes de filmar *Luz que agoniza* (1944), que le valió un Oscar a la actriz Ingrid Bergman.

En la actualidad, la venta a Hollywood de los derechos para hacer una versión de una película europea significa, en la práctica, que se hipoteca el futuro comercial del original, al menos en el mercado americano. En consecuencia, cuando los estudios hacen *remakes* de filmes extranjeros no sólo pretenden ganar dinero, sino, a la vez, ir reduciendo aún más, si cabe, el mercado de cualquier película no hecha en los Estados Unidos.

Cualquier historia original puede ser objeto de una nueva versión. Entre los éxitos españoles, Hollywood se interesó por *Truhanes* (1983), de Miguel Hermoso, y por *Mujeres al borde de un ataque de nervios* (1988) y *Átame* (1989), ambas de Pedro Almodóvar. Aunque la fuente preferida de *remakes* de la meca del cine es Francia. Hasta el extremo de que la poderosa productora gala Gaumont ha dedicado un departamento completo para traducir sus viejos títulos y ofrecérselos a Hollywood.

Todas las ideas se resumen en seis u ocho tramas básicas, tipo chico conoce chica. Si una triunfa, provoca un aluvión de imitaciones con títulos semejantes. Los cineastas no paran de copiarse unos a otros y las películas se parecen cada vez más entre sí. Por ejemplo, *Reservoir Dogs* (1992), obra de culto que lanzó al director Quentin Tarantino, está calcada de *City on Fire* (Hong Kong, 1989), de Ringo Lan, y muy influida por *La jungla del asfalto* (1950) y *Atraco perfecto* (1956).

El fenómeno afecta también a los dibujos animados. El superéxito *Aladdin* (1992), de Disney, se inspiró en *Romeo y Julieta,* de Shakespeare, y en *El príncipe y el mendigo,* de Mark Twain, y reproduce planos y diálogos tomados de *En busca del arca perdida, Superman, El ladrón de Bagdag* y *El imperio contraataca;* como han resaltado, entre otras revistas de cine del mundo, la italiana *Ciak, si gira* (ag/93); la española *Fotogramas* (nov/93) y la inglesa *Empire* (ene/94).

El sorprendente parecido entre *Atrapado en el tiempo* (1993), película americana de la Columbia, sobre un periodista que no puede dejar de repetir, una y otra vez, un día de su vida, y el relato *Historia de la cena en casa de Virginia Guasch,* publicado en 1990 por el escritor catalán Miquel de Palol, causó perplejidad en el autor, que puso el asunto en manos de abogados y reconocía en *El periódico de Cataluña* del 23 de junio de 1993: «Me da la impresión de que me han convertido en una hamburguesa.»

Las demandas por plagio son habituales en Hollywood. La más escandalosa de los últimos años fue la que libraron en una batalla de David contra Goliat el humorista Art Buchwald y el productor Alain Bernheim contra la Paramount, que no sólo utilizó una idea de ellos para filmar *El príncipe de Zamunda* (1988), sino que, además, en los títulos de crédito, atribuyó la autoría del guión a su protagonista, el actor Eddie Murphy.

Los estudios tratan de proteger sus guiones por todos los medios. Así, Steven Spielberg, hace firmar a sus empleados un contrato que les obliga al silencio de por vida sobre sus proyectos. Además, usa papel antifotocopias, impreso con tecnología especial. El resto de productores sobreimprime en cada página del guión, con letras enormes, imposibles de borrar sin estropear el texto, el nombre de la persona que lo recibe, lo que delatará el origen de cualquier copia pirata.

Teniendo en cuenta la cantidad de personas que participan en un guión, es lógico que surjan dudas a la hora de deslindar lo que hizo cada una para ponerlo en los títulos de crédito de la película. Para evitar conflictos, se recurre a un galimatías de epígrafes del tipo: «historia de...», «escrita por...», «guión de...», «a partir del guión original de...», «llevado a la pantalla por...», «basada en personajes de...».

Repasado el calvario que supone escribir en Hollywood, ¿por qué siguen sometiéndose a esa tortura seres sensibles e inteligentes? Como dejó escrito un guionista: «Te alejan de casa, te arrastan a una pocilga humana, echan a perder tus historias, te obligan a escribir algo que te repugna, masacran tus ideas, prostituyen tu arte, pisan tu orgullo y, a cambio, ¿tú que recibes? ¡Una fortuna!»

11

EXTRAÑOS EN EL PARAÍSO

(Las finanzas del cine)

A Hollywood se le llama la fábrica de sueños, pero se parece más a un casino. A los platós de Los Ángeles hay que ir, como a las mesas de juego de Las Vegas, cargado de fantasías pero con dinero suficiente para hacerlas realidad. Las unas, sin lo otro, no valen nada. La grandeza y la miseria del cine es que no es un negocio más seguro que jugar dinero a la ruleta. No existen sistemas fiables y hay tantas probabilidades de ganar como de perder. Visto así, ser productor es cosa de locos.

«No existe otro producto similar a las películas —ha aclarado Robert Evans, productor de *Chinatown* (1974) y *Acosada* (1993)—, porque con ellas sólo hay una oportunidad. Es como saltar en paracaídas. Si no se te abre, estás muerto.» Más que financieros o artistas, los productores parecen magos. Son capaces de ilusionar a otros para que les ayuden a vencer cualquier dificultad y convertir sus sueños en películas.

Sus cometidos han variado mucho desde que se inventó el cine, pero nadie ha sabido nunca definir con exactitud en qué consiste su trabajo. Como toda pista, Jon Avnet, el productor que dirigió *Tomates verdes fritos* (1991), asegura que, «ser productor es como ser una puta». Su definición corrobora la idea de Harry Cohn, el magnate que forjó la Columbia y que, al hablar de su profesión, decía: «Es mejor que ser un chulo.»

En los tiempos de Cohn, con el sistema de estudios en vigor, era fácil saber qué hacía un productor. Era el empleado del estudio que coordinaba todos los elementos del filme, que controlaba que se fueran cumpliendo las previsiones de rodaje y que servía de puente entre los jefes de la productora y los empleados, actores o técnicos, eso era igual, que trabajaban en el proyecto. Como no tenía que conseguir dinero, ya que lo ponía el estudio, su labor exigía muchas decisiones creativas.

Durante la época dorada de Hollywood, hacer los planes anuales de producción de cada estudio sólo llevaba unos días. El magnate de turno cogía la lista de estrellas, directores y guiones que tenía contratados y los conjugaba de acuerdo a sus deseos. Luego, sólo era cuestión de distribuir los proyectos a lo largo del año y asignarles el resto de elementos, desde los actores de reparto al equipo técnico que hacía falta para poder rodarlos. Las productoras eran autosuficientes.

Las reglas del juego cambiaron, sin embargo, a partir de que el poder de los estudios comenzó a quebrarse en los años cincuenta. Los profesionales del cine dejaron de trabajar a sueldo y se hicieron autónomos. Además, los viejos magnates, que habían creado la industria, fueron siendo sustituidos por tecnócratas al frente de las productoras. Éstos, a diferencia de sus antecesores, están más interesados en los beneficios de sus inversiones que en el proceso de filmar sus películas.

Al hacerse independientes, los productores tuvieron que aprender a buscar ese dinero que hasta entonces había corrido a cargo de los estudios. Eso les dejó sin tiempo para ocuparse de los elementos creativos de la película. En definitiva, salvo excepciones, los productores actuales más que cineastas, como en el pasado, son intermediarios financieros. «Hoy —se lamentaba el veterano director Billy Wilder—, pasamos el 80 por 100 del tiempo llegando a acuerdos y el 20 por 100 filmando películas.»

El proceso se resume como sigue. Un productor consigue un buen guión, logra interesar en él a una estrella cotizada y a un director de éxito y le ofrece el proyecto a un estudio a cambio de que éste se lo financie y que luego le distribuya su película. «Es como esos equilibristas de circo que hacen girar quince platos a la vez, cuidando de que no se rompa ninguno», resume gráficamente Martin Bregman, productor de *Melodía de seducción* (1989) y *Atrapado por su pasado* (1993).

Explicado así resulta divertido, pero en la práctica es un camino penoso de recorrer. La película *Missouri* (1976), por ejemplo, se filmó en pocos meses, después de casi un año de negociaciones con Arthur Penn, su director y, sobre todo, con Marlon Brando y Jack Nicholson, sus estrellas. El filme fue un fracaso de taquilla y no faltaron los malintencionados que se preguntaban si no hubiera sido mejor haber filmado las negociaciones, de seguro mucho más interesantes que el guión.

El factor decisivo para poner en marcha un proyecto es el nombre de la estrella que lo va a protagonizar. Los actores lo saben y le sacan todo el partido que pueden a su situación de ventaja. Cuando el productor Joseph E. Levine quiso contratar a Steve McQueen para *Un puente lejano* (1977), éste le pidió 3 millones de dólares por tres semanas de rodaje y además que se contratase a varios de sus amigos, a 50.000 dólares, y que le comprasen su casa de Palm Spring, que ya no le gustaba.

No hay que olvidar que, con independencia del interés que demuestre una estrella por un guión, a la hora de la verdad, salvo que necesite dinero de forma urgente, con quien se trata es con su abogado, con el representante de su agencia, con su contable, con su relaciones públicas y con su representante personal. Y todos ellos siempre tienen alguna sugerencia que hacer para mejorar el contrato de su cliente.

Los otros dos elementos de todo pacto, el director y el guión, son mucho menos importantes. En especial, el guión, salvo que no se esté hablando de los derechos para adaptar un éxito editorial de autores con el peso de Stephen King, John Grisham,

Michael Crichton y Tom Clancy, o de guionistas del prestigio de Joe Eszterhas y William Goldman. La razón, en el lenguaje de un productor anónimo, es que «las ideas son como las hemorroides, tarde o temprano todos acaban por tenerlas».

El que un productor llegue a un acuerdo previo con un estudio para realizar un proyecto no quiere decir, en ningún momento, que se haya avanzado demasiado, porque son muchos aún los obstáculos a vencer antes de ponerse a rodar. Por eso, los productores mantienen varios proyectos circulando al mismo tiempo, en distintas fases de desarrollo, para asegurarse que, por lo menos, uno de ellos, acabará llegando a la pantalla.

De ahí que cuando se mencionan las futuras películas de un actor, en realidad, en la mayoría de los casos, se trata de globos sonda, lanzados por los productores, que buscan dinero para sus proyectos. Si, además, se tiene en cuenta que las estrellas no firman sus contratos hasta bien empezados los rodajes, es fácil de comprender que Kim Basinger rompió todas las reglas del juego al abandonar el proyecto de *Mi obsesión por Helena* (1993) con la disculpa de que no tenía contrato.

Esa película, que era la ópera prima de la hija de David Lynch, Jennifer, tuvo problemas desde el principio, ya que Madonna había rechazado el papel antes de que Kim Basinger lo aceptara de forma verbal, que es como se hacen todo este tipo de acuerdos en Hollywood. Una vez que se tiene a la estrella, si no se consigue interesar a un gran estudio, como fue el caso, el productor busca la financiación de otros inversores, que ponen su dinero atraídos por el nombre de la estrella.

La conclusión es que la escapada de Kim Basinger, que fue sustituida por Sherilyn Fenn, provocó la pérdida de confianza de los inversores. Por eso, cuando se celebró la causa contra la estrella no sólo se estaba cuestionando la validez de un contrato verbal, sino que se estaba poniendo a prueba todo el sistema de financiación que rige el cine americano casi desde los años cincuenta. Al final, Basinger fue condenada y tuvo que declararse en bancarrota para salvarse de la quema.

Para darse una idea de lo difícil que es poner en marcha el proyecto de una película, basta mencionar algunos ejemplos de grandes éxitos de taquilla que sólo llegaron a la pantalla gracias al empeño de sus productores. *Forrest Gump* (1994) ha sido el más reciente. Cuando Wiston Groom publicó en 1986 la novela en la que se basa la película, vendió menos de diez mil ejemplares y durante años nadie se atrevió a llevarla al cine.

A los responsables de los estudios les asustaba un guión tan extravagante, que da una visión de la historia reciente de Estados Unidos, desde el punto de vista de una persona tan simple que roza la debilidad mental. Fue la intervención personal de Sherry Lansing, desde la cúpula de la Paramount, lo que dio luz verde definitiva al proyecto. Poco después de estrenarse *Forrest Gump* ya era la película de género no fantástico que más dinero había recaudado hasta entonces.

Por igual purgatorio de dudas, rechazos y aplazamientos sin fin pasaron antes títulos que luego se demostraron tan comerciales como *E.T.* (1982), *Solo en casa* (1990), *Juego de lágrimas* (1992) y *Speed* (1994). El único consuelo que les cabe a sus productores es que los ejecutivos de todos los estudios viven atormentados por el temor de llegar a ser conocidos en Hollywood como el hombre, o la mujer, que dejó pasar de largo un éxito del calibre de los mencionados.

El guión de *Love Story* (1970) había sido rechazado por casi todos los grandes estudios cuando Robert Evans compró una opción para Paramount con la idea de utilizarlo como vehículo de lanzamiento de su esposa, Ali McGraw. El productor tuvo que usar todas sus dotes de convicción para que Arthur Hiller quisiera dirigirla y Ryan O'Neal aceptase el papel que le lanzó a la fama. Antes la habían rechazado dos directores y cinco actores, entre ellos, Michael Douglas y Michael York.

Durante el rodaje, a instancias de Evans, el guionista, Erich Segal, reescribió la historia en forma de novela, que se publicó el día de San Valentín de 1970. Cuando se estrenó la película el libro era ya número uno de ventas en todas sus ediciones. Para entonces, nadie dudaba en Hollywood de que la tenacidad de Robert Evans se iba a ver recompensada con el que fue uno de los grandes éxitos de la década de los setenta.

Una de las diferencias entre el Hollywood de ayer y el de hoy es que antes se diversificaba mucho más el riesgo de los productores al alternar las superproducciones con películas modestas o de serie B. Sin embargo, al aparecer la televisión, la serie B se refugió en la pequeña pantalla, mientras que los estudios comenzaron una escalada en sus superproducciones que en la actualidad ha rozado la locura financiera con los 400 millones de dólares de *Waterworld* (1995) con Kevin Costner.

Esta evolución ha provocado que ya nadie se arriesgue a producir una película si antes no tiene garantizado entre un 80 por 100 y un 100 por 100 del presupuesto invertido. Para lograrlo se recurre a tres vías principales. Una es captar dinero de bancos e inversores ajenos al mundo del cine. Otra vender los derechos de exhibición del filme para los países extranjeros. La última, negociar los derechos de los «mercados auxiliares», o sea, del vídeo y de las televisiones de pago y en abierto.

Se han creado, además, muchas formas nuevas de generar ingresos paralelos al estreno de la película. Una de las más importantes es comercializar el uso de la imagen del filme y de sus personajes. Esto que ya se hacía con los dibujos animados, se ha extendido ahora a todo tipo de películas. No es otra la razón que explica fenómenos como la batmanía que provoca la saga *Batman* (1989); la dinomanía, de *Parque Jurásico* (1993) y la vampiromanía, del *Drácula de Bram Stoker* (1992).

En el caso de *Forrest Gump* se pusieron a la venta todo tipo de productos alusivos al personaje y a sus actividades en la pantalla. Desde palas de ping pong a camisetas, insignias con sus frases más famosas, gorras de béisbol, una marca de gambas congeladas, ropa de trabajo con su nombre y hasta un recetario de cocina de gambas del que se hizo una primera edición de más de 700.000 ejemplares. Para mayor comodidad, en Estados Unidos todo se podía comprar por teléfono.

La paradoja es que, a veces, los cálculos comerciales pasan por alto el gusto siempre imprevisible del público. Ocurrió con el lanzamiento de los juguetes de la película de animación de Disney, *Toy Story (Juguetes)* (1995). Según las estimaciones de la prensa de Estados Unidos, no se fabricaron suficientes unidades de muñecos de los héroes de la película y, lo que resultó más desastroso, se ignoró a los villanos.

Este último error fue el peor, porque cuando se estrenó *Toy Story (Juguetes)* en América, en la Navidad de 1995, al salir de la sala, el público iba a las tiendas no a comprar muñecos de los héroes, sino de los malos de la historia, los mutantes. La imprevisión del estudio, que irónicamente es el que más experiencia tiene en este campo, supuso una pérdida de unos 250 millones de dólares, siempre según la prensa local.

La Universal y la productora de Steven Spielberg, Amblin Entertainment, estaban tan preocupadas por las falsificaciones de productos relativos a *Parque Jurásico*, que pusieron una línea de teléfono gratuita para denunciar productos pirata. Cuando un semanario preguntó a los responsables del estudio que si se tenían algún detalle, por las molestias, con las personas que llamaban, la respuesta fue que no porque los productores lo consideraban como un servicio público.

La concentración creciente de empresas del sector de la comunicación ha dado lugar a que bajo una misma casa madre se engloben estudios de cine, cadenas de televisión, casas de discos, editoriales y fábricas de productos electrónicos. Si todas esas ramas sectoriales se coordinan del modo adecuado, es evidente que cualquiera de las actividades de una de ellas provocará un incremento en los beneficios de las restantes.

Por ejemplo, el éxito de ventas de la editorial se adapta a la pantalla por el estudio de cine, con música de la casa de discos, que se promociona a través de la cadena de televisión y de las revistas de la editorial. Además, la película puede dar lugar a videojuegos y atracciones en parques temáticos del tipo de Disneylandia. Como cada producto potencia la venta de los otros, tiene la ventaja adicional de que se obtiene el máximo rendimiento de las campañas publicitarias y de la inversión promocional.

La corriente de beneficios mutuos que se genera entre empresas hermanas no siempre exige que todas sean del sector de la comunicación. Por ejemplo, según la revista de economía *Forbes*, durante el tiempo que Columbia fue propiedad de la Coca-Cola, en los años ochenta, el estudio se benefició en su publicidad de los descuentos que le hacían los anunciantes a la multinacional de los refrescos. Además Coca-Cola incluía las películas de Columbia en sus promociones.

En contrapartida, la Coca-Cola empleó a fondo el estudio para convertir algunas películas en soportes publicitarios de sus productos. Todos los límites se superaron con *Un espía super guay* (1987, no estrenada en cine en España, pero sí editada en vídeo). No sólo los personajes beben el refresco sin parar, sino que éste rara vez desaparece del campo visual del espectador. La lección la dio el público, ya que el filme fue un fracaso tan fenomenal que hasta su protagonista, el popular Bill Cosby, llegó a recomendar que era mejor no ir a verlo.

No era la primera vez que la Coca-Cola utilizaba esta forma de publicidad. En *Un, dos, tres* (1961), la comedia de Billy Wilder, la trama giraba en torno a un ejecutivo de la compañía destinado en Berlín durante la guerra fría. Más sutil, en *Los dioses deben de estar locos* (1981), alguien tira desde una avioneta una de las clásicas botellas del refresco, que cae en un campamento de bosquimanos y los nativos creen que es un regalo de los dioses que, claro, beben Coca-Cola.

Hace tiempo que las productoras convirtieron en fuente de ingresos el recurso de mostrar al público las marcas de los productos que se consumen en las películas. Las encuestas han demostrado que los espectadores de una sala de cine pueden recordar hasta un 50 por 100 de las marcas que ven en la pantalla. En Hollywood hay una treintena de agencias especializadas en esta publicidad. Leen los guiones y encajan en la acción la mayor cantidad de productos comerciales que sea posible.

Los resultados para el anunciante son, por lo general, óptimos, porque el impacto publicitario resulta muy eficaz. Los fabricantes de Ray-Ban triplicaron sus ventas después de que Tom Cruise luciera una de sus gafas, modelo Wayfarer, en *Risky Business* (1983), la película que le lanzó a la fama. El actor repitió, años después, con el modelo aviador en *Top Gun. Ídolos del aire* (1986). En esa ocasión, el incremento de ventas de la empresa alcanzó un 40 por 100.

Razones éticas aparte, hay ejemplos que cuestionan la libertad de creación frente a la presión de la publicidad. En *Rocky III* (1982) se añadió una escena al guión para que Sylvester Stallone instruyera a su hijo sobre las ventajas de desayunar con copos de avena Wheaties, «el alimento de los campeones». Incluso de rumoreó que los continuos viajes de la pareja de *El honor de los Prizzi* (1985) se añadieron para mostrar bien el logo de la compañía aérea United Airlines.

Es muy posible que Steven Spielberg, un experto en la materia, sea el campeón en insertar productos en sus filmes. En *Regreso al futuro II* (1989) podían verse más de veintiséis marcas diferentes. En unas ocasiones, casos como Nike y Texaco, fueron las propias compañías las que proporcionaron los prototipos futuristas de sus productos. En otras, como ocurrió con las taladradoras Black & Decker, la productora desarrolló un diseño, que luego fue aprobado por la empresa.

Lo curioso es que, según un directivo de la compañía de Spielberg, la elección de los productos que se mostraron al público respondió a «decisiones creativas». O sea, «nada que ver con inserciones publicitarias para obtener dinero, sino por necesidades de los decorados». Nadie, en la productora ni en las empresas mencionadas, reveló a cuánto había ascendido la aportación publicitaria ni el peso que ésta tuvo en el presupuesto global del proyecto.

A una película tan hermosa como *Blade Runner* (1982) no le afectaron en absoluto las inserciones publicitarias que había en ella. No ocurrió lo mismo con los anunciantes; todas eran empresas punteras, hasta que se estrenó el filme, luego quebraron o fueron absorbidas. La llamada maldición de *Blade Runner* afectó a la compañía aérea Pan Am, a la de videojuegos Atari, a la de electrónica RCA, a la de componentes Koss, a la telefónica Bell Telephone y a la alimentaria Cuisinart.

En el extremo menos llamativo de esta forma publicitaria, aunque no por eso el menos rentable, se encuentra la excelente relación establecida entre los grandes diseñadores de moda y los cineastas. La cesión de modelos de Óscar de la Renta para *Noches de neón* (1988) supuso un ahorro enorme en vestuario para los productores del filme y una buena publicidad para el modisto, que encontró un excelente escaparate para su trabajo.

Nino Cerruti y Giorgio Armani vieron cómo se disparaban las ventas de sus trajes después de vestir, respectivamente, a los protagonistas de *Wall Street*

(1987) y de *Los intocables de Elliot Ness* (1987). De hecho, la fama de Armani se cimentó al diseñar los trajes que Richard Gere lucía en *American Gigoló* (1980). Bastantes años antes, Ralph Lauren superó un mal momento profesional gracias a su participación en el vestuario de *El gran Gatsby* (1974).

Los productores saben que están en una posición de fuerza y fomentan la competencia entre los potenciales clientes para aumentar el precio de la inserción. La revista de economía *Fortune* apareció diez segundos en *Wall Street,* después de ganarle la partida a su rival, *Forbes.* En un momento del filme, Charlie Sheen muestra una falsa portada de la publicación con el retrato del personaje de Michael Douglas, y alguien le dice que esa revista es la Biblia del mundo financiero.

Una negativa a un productor que ofrece unos segundos en su próximo éxito puede poner en peligro hasta el futuro de una empresa. Un ejemplo histórico: en chocolates Mars estimaron que no ganaban nada dejando que un pequeño extraterrestre llamado *E.T.* se enamorase del sabor de sus caramelos M&M. En cambio, su competidor Hershey's le dio el sí a Spielberg para que usase sus caramelos Reece's Pieces y, en cuanto se estrenó la película, sus ventas aumentaron hasta en un 65 por 100.

Ni que decir tiene que el entrañable *E.T.* no entendía nada de asuntos publicitarios de este mundo y no le puso pegas a su creador para la utilización que se estaba haciendo de su imagen. Los actores de carne y hueso no siempre son tan complacientes y ya empiezan a dar muestras de cansancio ante la creciente explotación a que se les somete. Algunos se han molestado tanto que incluso han hecho frente a las productoras y han llevado el asunto a los tribunales.

La rubísima Daryl Hannah no salía de su asombro cuando vio que la Coca Cola estaba usando como anuncio en televisión un fragmento de *Roxanne* (1987), filme producido, claro, por la Columbia. «Jamás pude imaginar —se lamentaba la actriz—, que cuando cantaba en la película lo hacía para un anuncio. Nunca me lo pidieron ni me dijeron nada. Algunos mantienen que es una campaña de promoción de la película, pero lo cierto es que la sintonía de Coca-Cola tapa la banda sonora del filme.»

Había una última razón que exasperaba a Hannah: «No bebo Coca-Cola y si aceptase apoyar un producto, desde luego no lo haría con uno que yo misma no consumo.» La mala publicidad que se estaba generando obligó a la multinacional de refrescos a aceptar, al final, el punto de vista de la actriz. Reconoció su error y le pagó una fuerte indemnización, que en la mejor tradición de Hollywood, la estrella donó a obras de caridad.

Los actores tienen muchas formas de protegerse de los abusos. La más extrema es hacerse productores. Por más que la opinión que tienen de la profesión no puede ser peor. «Los produtores son gilipollas —opina el actor James Woods—. Sólo son negociadores. Dominan todos los trucos de la industria, pero no conocen nada de la industria en sí misma. Saben cómo robar y cómo hacer «paquetes» con los artistas. Son ladrones y mentirosos. No tienen ningún valor ni creen en nada.»

No se trata de una reflexión aislada. «La razón por la que creé Malpaso —confirma Clint Eastwood al hablar de su productora—, fue porque vi un montón de ineficacia a mi alrededor y pensé que si yo podía fastidiarla tan bien como cualquier otro, prefería ser yo el causante de mi propia muerte.» No ha sido desde luego su caso, porque es uno de los actores que mejor han compaginado su condición estelar con las labores de producir y dirigir con éxito.

Una estrella, un director de prestigio e incluso un buen escritor están en condiciones inmejorables para no necesitar de nadie para impulsar sus proyectos personales. Los estudios llegan a acuerdos con ellos, alojan sus productoras fantasmas en oficinas propias dentro de sus instalaciones y pagan sus facturas como un gasto necesario para tenerles contentos y a mano, fuera del alcance de las compañías de la competencia.

Los nombres de estas miniproductoras son de lo más curioso. La de Kevin Costner se llama Tig, por el apodo de su abuela; la de Tom Cruise, Odín, por el rey de los dioses de los vikingos; la de Oliver Stone, Ixtlan, por un relato de Carlos Castaneda; la de Steven Spielberg, Amblin, título de su primer cortometraje; la de Arnold Schwarzenegger, Oak (roble), porque da idea de solidez y permanencia, y la de Cher, Isis, por la máxima divinidad femenina entre los antiguos egipcios.

Junto a este pequeño grupo de privilegiados, hay cientos de actores, directores, guionistas e incluso productores que sueñan con reunir el dinero suficiente para rodar su película, aun a costa de recurrir a prestamistas, embaucadores y toda clase de tipos nada recomendables. Son casos tragicómicos que el propio cine ha retratado con humor y cariño en títulos como *El juego de Hollywood* (1992); *En la sopa* (1992), *Gente de Sunset Boulevard* (1992) y *Cómo conquistar Hollywood* (1995).

No faltan ni siquiera los milagros para aquellos que se esfuerzan y le echan suficiente imaginación a la tarea. Hay casos para todos los gustos. Robert Rodríguez se prestó a ser utilizado como cobaya humana de un medicamento experimental para reunir el dinero que necesitaba para hacer *El mariachi* (1992). Kevin Smith pudo filmar *Clerks* (1994) gracias a la indemnización que recibió por su coche, que había quedado inservible a consecuencia de unas fuertes inundaciones.

La voluntariosa aspirante a directora Lynn d'Angona, que se quedó sin dinero a mitad del rodaje de su ópera prima, se vistió de novia y se plantó en la puerta de los estudios Paramount con el cartel: «Por favor, ¡no me dejen al pie del altar! Directora con la imperiosa necesidad de 40.000 dólares para acabar su película.» Gracias a su medida, logró que la jefa del estudio Sherry Lansing le diese una oportunidad y el apoyo para terminar de filmar su proyecto.

Michael Moore estaba tan molesto con la General Motors por haber cerrado su factoría en Flint

(Michigan), que decidió contarlo en una película. El resultado de su idea, *Roger and Me* (1989), fue uno de los largometrajes documentales de mayor éxito de la historia. Pero hasta que lo vio acabado tuvo que probar todos los medios imaginables para sacar dinero: desde montar juegos de bingo los fines de semana hasta recorrer las calles recogiendo botellas vacías para conseguir unas monedas.

Hasta los cineastas consagrados necesitan un empujón alguna vez. Spike Lee se quedó sin crédito durante el montaje de su monumental biografía del activista de los derechos de los negros *Malcolm X* (1992), así que apeló a la conciencia de raza de las estrellas afroamericanas. El actor Bill Cosby, la popularísima presentadora de televisión Oprah Winfrey, el deportista Michael Jordan y los cantante Prince, Janet Jackson y Tracy Chapman, entre otros, le prestaron su apoyo.

La queja de los productores es siempre la misma. Después de ser el alma del proyecto nadie se acuerda de ellos y ni siquiera se les menciona en las críticas de prensa. Su orgullo se consolaba hasta ahora porque el orden de los títulos de crédito, al principio del filme, era guionista, productor y director. Hasta eso han perdido y en 1995 los estudios, para no subir los sueldos a los guionistas, aceptaron alterar ese orden por el nuevo de productor, guionista y director.

Por cierto, siendo tan confusa la tarea del productor no es nada fácil desentrañar el significado de los títulos de crédito de esta área. El «productor ejecutivo», que a veces figura precedido de la frase «presentado por», es toda persona que representa un papel esencial para poner en marcha el proyecto, pero no participa en el rodaje. Son los que buscan el dinero, encuentran al distribuidor y, en general, los ejecutivos de las compañías que respaldan la película.

Bajo el epígrafe de «producido por» aparece el verdadero productor, la persona que monta el proyecto, desarrolla la idea, busca al equipo artístico, negocia con el estudio y controla el rodaje. El «productor asociado» es un profesional familiarizado con el día a día de hacer una película y apoya al productor cuando éste no tiene mucha experiencia. En los últimos tiempos, sin embargo, este crédito se concede como un regalo para parientes y amigos de los implicados en el rodaje.

Hay también un «director de producción», que se ocupa de los más mínimos detalles del trabajo diario; un «contable de producción», que controla el presupuesto, y un «ayudante de producción», próximo a un chico de los recados. De toda esa maraña, el único que cuenta es el nombre que figura bajo la frase «producido por». Sólo él puede subir a recoger el Oscar a la mejor película. ¿Hay otra cosa que importe en Hollywood?

12

ESCÁNDALO EN EL PLATÓ

(Los rodajes)

BASTA una sola palabra, «¡acción!», para que dé comienzo esa aventura mágica que es el rodaje de una película. Desde el primer momento en que la cámara empieza a funcionar sólo existe una voluntad en el plató, la del director, que asume la tarea más ardua del cine. Todos le consultarán hasta la más mínima duda y, durante meses, trabajará, incluso enfermo, de diez a doce horas diarias, cinco o seis días a la semana.

«Si alguien me pregunta qué es lo más importante de dirigir —ha asegurado Sydney Pollack, director de *Memorias de África* (1985)—, respondo que estar en buena forma física, porque es el ejercicio más penoso que pueda realizarse; en parte por la enorme tensión emocional que conlleva.» Sus palabras pueden parecer exageradas, pero no es la primera vez que un director sufre un colapso en pleno rodaje.

Le ocurrió a Barry Sonnenfeld, que se desmayó en el plató de *La familia Addams* (1991), en la segunda de las veintiuna semanas que debía durar la filmación. «Sentí pánico —confesaba el productor Scott Rudin—. Estábamos mirando por el monitor cuando vi cómo se caía a mi lado. Me preocupaba qué iba a pasar con el resto de la película si le ocurría esto sólo a las dos semanas.» Por suerte, Sonnenfeld se recuperó pronto.

Su caso, no tan infrecuente, ha sido el de cineastas tan curtidos como Victor Fleming, cuando rodaba *Lo que el viento se llevó* (1939). Exhausto física y mentalmente por más de un año de trabajo, el 4 de mayo de 1939, tras un amarga disputa con Vivien Leigh y Clark Gable, les dio la espalda y abandonó precipitadamente el plató. Según confesó más tarde, mientras volvía a casa pensó en tirarse con el coche por un acantilado. Dos semanas después, ya recuperado, volvió a la película.

En el Hollywood clásico a los directores no se les veía como autores, sino como a técnicos cualificados, a sueldo de los estudios, donde eran los productores los que tomaban las decisiones creativas. Victor Fleming había sustituido a George Cukor, como director de *Lo que el viento se llevó,* dos semanas después de iniciarse el rodaje. Asimismo, la misma noche que Fleming sufrió el colapso nervioso, fue reemplazado por Sam Wood, que filmó la escena que había quedado pendiente.

Sólo al desaparecer el sistema de estudios, en los años sesenta, empezó a considerarse al director como un artista. Al hacerse autónomos, los productores deben dedicar su tiempo a buscar dinero para financiar proyectos y apenas se ocupan de la parte creativa. Además ha calado en Hollywood la teoría de autor de la crítica francesa, que considera al director padre único de la película. Por último, los actores se han enamorado de los directores, de los que, en realidad, depende su futuro.

Muestra de la luna de miel entre realizadores y estrellas fue el gesto de Steven Spielberg al acabar *Always, para siempre* (1989). Les regaló un deportivo Mazda Miata, con matrícula personalizada con sus nombres, a cada uno de los cuatro protagonistas, Holly Hunter, Richard Dreyfuss, John Goodman y Brad Johnson. Al ver los coches los afortunados tardaron un rato en creerse que eran para ellos.

Al rodar, las estrellas sólo están habituadas a recibir los lujos que imponen a los productores por contrato, que no son pocos. Si bien es cierto que cobran por película más de lo que ganan muchos mortales en una vida, para ellos esas fortunas no dejan de ser cifras en un papel que les muestra su contable. Lo que de verdad vuelve loco a un actor son los caprichos que va a poder disfrutar a diario en el trabajo.

Esos extras, que encarecen la producción, son además una muestra de poder, el afrodisiaco favorito en Hollywood. A las grandes estrellas se les reconoce desde el derecho de aprobar al director y a los otros actores, hasta recibir un peluquín, como William Shatner en los filmes de la serie *Star Trek,* o tener un peluquero personal de 6.000 dólares semanales como James Woods, en *Colegas a la fuerza* (1990). Entre ambos extremos piden todo lo que uno pueda imaginar.

Jean-Claude van Damme impuso a su padre como productor asociado en *Blanco humano* (1993). Tom Cruise tuvo dos chóferes en *Algunos hombres buenos* (1992), uno le llevaba en la limusina, el otro le seguía con su coche y si le apetecía conducir, paraban y cambiaba de vehículo. Mel Gibson, ruede donde ruede, exige visitas pagadas, desde Australia, en primera, en la compañía Quantas, de su mujer, sus seis hijos, la niñera y un ama; el coste, casi un cuarto de millón de dólares.

La ropa es uno de las peticiones preferidas. Burt Reynolds trató, sin éxito, de que los productores de *Un poli y pico* (1993) le pagaran una factura personal de 20.000 dólares por la compra de diez chaquetas, a 1.700 dólares la chaqueta, y diez pares de botas, a 300 dólares el par. En cambio, sí que le proveyeron, como imponía su contrato, de una nueva «unidad» *(lease,* peluquín) a diario.

Arnold Schwarzenegger está feliz si puede disponer de un gimnasio completo y de un avión privado con piloto. Cuando Kim Basinger rodó *Ella siempre dice sí* (1991), gastaba varios litros diarios de agua mineral importada Evian para lavarse el pelo y a mitad de la producción hizo una escapada pagada a Brasil a consultar a su vidente. A Whoopi Goldberg y Dennis Quaid les encanta quedarse con toda la ropa de su personaje.

El caballo final de batalla es el tamaño, equipamiento y distancia al plató de la *roulotte* que tendrán como camerino. La privacidad es un bien escaso en un rodaje y una estrella necesita un lugar alejado de miradas y oídos indiscretos. Más que para cambiarse, para negociar ofertas por teléfono, estudiar contratos con su representante y realizar otras actividades igual de provechosas, aunque menos confesables.

La situación de las *roulottes* provocó una guerra entre los protagonistas de *Algunos hombres buenos*. Demi Moore se presentó con una de tamaño doble, como preveía su contrato, pero dado su volumen, al aparcarla impedía que la de Tom Cruise, sencilla, fuera la más próxima al plató, como exigía el contrato del actor. Sólo tras tensas negociaciones, Cruise accedió a alejarse un poco y dejar sitio a la actriz. Algo que había hecho Jack Nicholson, sin problemas, desde el principio.

Los conflictos entre las estrellas se multiplican ante la cámara. El que enfrentó a Yul Brynner y a Steve McQueen en *Los siete magníficos* (1960) fue memorable. En las escenas que coincidían, cuando Brynner hablaba, McQueen jugueteaba con el sombrero para atraer la atención del público y robarle el plano a su rival. Brynner llegó a obsesionarse tanto que contrató a una persona expresamente para que vigilase todo el tiempo el sombrero de McQueen.

No menos duro fue el choque entre Sharon Stone y William Baldwin en *Acosada* (1993). Aunque hacían de amantes en la ficción, en la realidad no podían ni verse. Su inquina era tal que en un momento en el que Stone dudaba si quitarse o no los *panties* para una escena, él le dijo: «No te preocupes, tanto yo como el resto del mundo ya lo hemos visto y no es para tanto»; en clara alusión al cruce de piernas de *Instinto básico* (1992) en el que ella ya había mostrado su sexo.

Los actores trabajan con algo tan complejo y difícil de controlar como son los sentimientos, y al interpretar han de llevarlos a límites que asustarían a cualquier mortal en su vida. Ellos, en cambio, lo hacen exponiéndose emocionalmente ante ese grupo de desconocidos que es, en definitiva, el equipo de rodaje. Viven, además, obsesionados por su cuerpo, porque es su instrumento de trabajo, y por su imagen, de la que dependen su carrera y su futuro.

Cuando una escena no sale a la primera, el director les obliga a repetir hasta la perfección. En *Con faldas y a lo loco* (1959), a Marilyn Monroe le costó cincuenta y nueve tomas decir bien: «¿Dónde está el bourbon?» El director Stanley Kubrick le pidió a Shelley Duvall que repitiese ciento veintisiete veces una misma escena de *El resplandor* (1980). El récord lo batió Charles Chaplin, con las trescientas cuarenta y dos veces que filmó el momento del encuentro entre el vagabundo y la florista, en *Luces de la ciudad* (1931).

En una profesión tan insegura, sin contratos fijos ni garantías de éxito, en la que se les juzga a diario y sólo se les valora por su último trabajo, a los actores les aterra perder lo que han ganado con tanto esfuerzo. Para mayor angustia, el fruto de su labor no depende de ellos, sino de la habilidad de los directores. De ahí tanta inseguridad y miedo a que una *roulotte* más pequeña o su nombre puesto el segundo en un reparto no sea sino el primer aviso del declive.

Con ese estado de ánimo, no es nada fácil trabajar con estrellas que tienden a no sentirse comprendidas en el plató. «Lo peor —advierte el actor Robert De Niro—, es el director que te marca cómo hacer las cosas. Te dice: "Haces esto, vas allí y sonríes." No comprende que podrías hacerlo más a gusto de otro modo, que te daría más confianza y que confirmaría que confían en ti y en tu criterio.»

Katharine Hepburn esperó a completar *De repente, el último verano* (1958) para expresarle su odio al director Joseph Mankiewicz. El cineasta se había pasado todo el tiempo humillando a Montgomery Clift, arruinado por el alcohol y las drogas. Tras filmar la última escena, Hepburn le preguntó a Mankiewicz que si estaba seguro de que ya no iba a necesitarles para nada más a Clift y a ella. Cuando el director le confirmó que no, con todo el equipo delante, ella le escupió a la cara.

Menos sutil fue el incidente entre Jack Nicholson y Roman Polanski en el plató de *Chinatown* (1974). El actor, obseso del baloncesto, se niega a trabajar si juega su equipo, Los Lakers. El director quería rodar pero Nicholson no dejaba de ver un partido por televisión. Enloquecido, Polanski destrozó el aparato con una barra de hierro, mientras el actor, fuera de sí, rompía todo su vestuario ante el equipo. Hubo que dar el día libre, para enfriar los ánimos, al rojo vivo.

«Dirigir —mantiene Steven Spielberg— es un 80 por 100 de comunicación y un 20 por 100 de conocimientos.» Es cierto, porque el temperamento de los actores es sólo una de las muchas contingencias que convierten un rodaje en una lucha contra la adversidad y el tiempo. El director David Lynch, creador de la teleserie *Twin Peaks*, lo compara con llevar prisa y tomar un taxi en el que cada salto de taxímetro te cuesta una fortuna.

El equipo de *La ciudad de la alegría* (1992) sufrió la ira de la población de Calcuta, molesta por la imagen de la ciudad que iba a dar el filme. Hubo manifestaciones, bombas en el plató y acusaron a dos ayudantes indios del director Roland Joffé de asesinato. En *Dragón, la vida de Bruce Lee* (1993), filmada en Hong Kong, la mafia local pidió 50.000 dólares diarios por su protección. Como no se pagó, hubo que acortar el rodaje y mezclar policías de paisano entre los figurantes.

Los problemas de Bernardo Bertolucci con *El pequeño Buda* (1993), cuando había superado toda clase de trabas logísticas, fueron políticos y religiosos. Los budistas no querían que occidentales rodasen en los santos lugares de su fe y que, además, calificasen a Buda de «pequeño». Los nepaleses protestaban porque en el filme parece que Buda nació en India y no en Nepal, y los tibetanos no querían que un actor de China, país que ha invadido su territorio, hiciera de lama.

Un repaso a la historia demuestra que *Casablanca* (1942), *El príncipe y la corista* (1957), *Cleopatra* (1963), *Sonrisas y lágrimas* (1965) y tantos otros clásicos del cine tuvieron rodajes que presagiaban grandes desastres. Robert De Niro se lo tomó con tanto humor en *Una historia del Bronx* (1993), su debut como director, que hasta puso en los títulos de crédito a la «woo woo lady», o sea, la dama del vecindario que a diario interrumpía la filmación con gritos de protesta desde su ventana.

La posibilidad del desastre nunca deja de acechar. En 1994, naufragó, antes de empezar, el rodaje de *Las cruzadas,* que iba a hacerse en España, con Arnold Schwarzenegger de protagonista. Ya se trabajaba en los decorados y se había empezado a contratar figurantes. Peor aún, en agosto de 1995, a las dos semanas de comenzar, se suspendió por falta de dinero el rodaje, en Irlanda, de *Divine Rapture,* con Marlon Brando, Johnny Depp, Debra Winger y John Hurt en el reparto.

De mayor proporción fue el escándalo provocado por John Travolta, cuando en junio de 1996 dejó plantado al director Roman Polanski cinco días antes de empezar en París el rodaje de *The Double,* película que iba a protagonizar con la actriz francesa Isabelle Adjani. El astro, con 17 millones de dólares de sueldo, acusó a Polanski de pedirle que hiciese un desnudo. «No he salido desnudo en toda mi carrera y no voy a empezar ahora que estoy gordo», declaró al semanario *Paris-Match.*

Travolta fue más lejos. Acusó a Polanski de haber cambiado veinticinco de las ciento diez páginas del guión original y ofreció 3,5 millones de dólares a los productores si le despedían y contrataban a otro realizador. Al no lograrlo, cogió un avión y se volvió a Estados Unidos. El problema se agravó, según el diario progresista británico *The Guardian,* porque «John es de la Iglesia de la Cienciología y, al parecer, ésta no se lleva bien con los desnudos».

El abandono de la estrella acabó con el proyecto. Polanski trató en vano de sustituirlo por Sean Penn, Robert De Niro, Al Pacino y Steve Martin, pero a unos no les interesó, otros estaban ocupados y a otros los vetó Isabelle Adjani. Se canceló el rodaje y se presentó una demanda millonaria contra Travolta. El escrito recogía la negativa del actor a permitir que dirigiesen su «interpretación personal» en el plató, algo que, desde luego, no parece usual.

Cualquier demora en un rodaje supone más gastos y, por definición, el dinero es miedoso. Si ya es una adorable locura invertir en una película, sería un suicidio financiero hacerlo sin contratar pólizas de seguros que cubran las eventualidades más corrientes. Éstas afectan, sobre todo, a los dos elementos más imprescindibles de todo el proyecto, que son el director y las estrellas, cuya pérdida imprevista puede resultar fatal.

Las pólizas de seguros son la causa, desconocida por los aficionados, que acaba con la carrera de los cineastas cuando se hacen viejos. Ningún productor quiere arriesgarse a que su director se muera en pleno rodaje y las aseguradoras exigen cuotas tan elevadas para cubrir esa eventualidad que nadie las suscribe. Aunque el titular se llamase Billy Wilder, Akira Kurosawa, David Lean o Federico Fellini.

El mecanismo es tan perverso que, en los raros casos en los que se le da una oportunidad a un director anciano, se tiene a otro más joven, disponible en todo momento, para que se haga cargo de la película si fallece el titular. Cuando John Huston, con ochenta años, hizo *Dublineses* (1990), tuvo a Karel Reisz, de cincuenta y nueve años, en lista de espera. Huston falleció, tras larga agonía, tres meses después de acabar la filmación.

Accidentes y muertes son los contratiempos que afectan también a las estrellas. En casi todos los rodajes se lesiona algún actor. Brad Pitt se cortó una mano en *Seven* (1995) y necesitó cuarenta y nueve puntos y rehabilitación para recuperarse. La salud de Elizabeth Taylor se quebró a los catorce años en *Fuego de juventud* (1944, no estrenada en cine en España, pero sí editada en vídeo), al caerse de un caballo y causarse una lesión incurable en la columna vertebral.

Un fallo en los explosivos casi abrasó viva a Margaret Hamilton, la bruja malvada de *El mago de Oz* (1939), que tuvo que ser hospitalizada. Además, tardó meses en eliminar el tono verdoso que dejó en su cara el maquillaje. Menos suerte tuvo Buddy Ebsen, que iba a ser el Hombre de Latón en el filme, pero al que el maquillaje produjo una reacción alérgica muy grave y no sólo perdió el papel, sino que acabó hospitalizado.

Por la cantidad de víctimas, el mayor accidente de rodaje ocurrió en *El conquistador de Mongolia* (1956), filmada en Saint George, Utah, zona contaminada de radiactividad por pruebas nucleares de gran potencia, aunque nadie avisó jamás a los cineastas del peligro. Con el tiempo, más de noventa personas del equipo murieron de cáncer, incluidos el director, Dick Powell, y las estrellas John Wayne, Susan Hayward, Agnes Moorehead y Pedro Armendáriz.

Para evitar que los actores se accidenten, las compañías de seguros obligan a que sean sus dobles los que realicen las escenas de peligro. Los famosos que se lesionan por no usar un doble aprenden la lección y no repiten. Salvo Harrison Ford, que tras romperse una mano en *Peligro inminente* (1994), aún declaraba: «Que te doblen en escenas de acción es como ir de vacaciones y pedirle a otro que le haga el amor a tu mujer.»

El auténtico problema surge si muere el protagonista antes de acabar la película. Ocurrió, entre otros, con River Phoenix, Marilyn Monroe, Bela Lugosi, Tyrone Power, Jean Harlow, John Candy y Brandon Lee. Las soluciones clásicas al problema eran tres: abandonar la película, acabarla con un doble o recomenzarla con otro actor. La informática ha añadido una salida más, recrear por ordenador las escenas que faltan, a partir de las imágenes que dejó el actor fallecido.

La decisión del director y los productores varía mucho según los casos. No es lo mismo una película casi terminada que otra que acaba de iniciarse. La clave, en esencia, está en el presupuesto. Se calcula si es viable o no económicamente terminar el rodaje. Si no es rentable, se guarda el material filmado, se cobra la indemnización y se invierte el dinero en nuevos proyectos menos problemáticos.

Brandon Lee murió, el 31 de marzo de 1993, en el plató de *El cuervo* (1994) por el disparo mortal de una pistola que llevaba balas de verdad en lugar de salvas. Cuando falleció, su trabajo estaba casi hecho, así que acabar el filme fue más una cuestión psicológica que un problema técnico, sobre todo porque por una macabra coincidencia, el padre del actor, Bruce Lee, mítica estrella del cine de acción, había muerto en 1973 en otro rodaje, también en extrañas circunstancias.

La novedad de *El cuervo* (1994) fue que, por primera vez, para suplir la ausencia de un actor, se recurrió a la informática. La Dream Quest Images, compañía que hizo los efectos especiales de *Blade Runner* (1982), recreó de dos modos distintos las siete escenas que faltaban. Para unas, tomó la imagen del actor de momentos filmados por él y las recolocó sobre fondos y decorados nuevos. Para otras, superpuso su cara por ordenador sobre el cuerpo de un doble.

Técnica cinematográfica aparte, la muerte de un actor en un accidente de rodaje suele provocar demandas de sus herederos, que dan mala imagen a la película y encarecen la producción. En el caso de *El cuervo,* la madre de Brandon Lee se conformó con una indemnización extrajudicial próxima a los 3 millones de dólares por la que renunció a iniciar cualquier acción legal contra la productora en el futuro.

Las cosas no fueron tan fáciles con la muerte de Vic Morrow, padre de Jennifer Jason Lee, al rodar *En los límites de la realidad* (1983), dirigida por John Landis, con Steven Spielberg como productor. El 23 de julio de 1982, por una terrible imprudencia en una escena nocturna de acción, un helicóptero cayó a tierra decapitando con su hélice a Morrow y a los niños antes de aplastarlos por completo.

El director John Landis fue absuelto de imprudencia en 1987, tras un largo proceso, recogido en el libro *Outrageous Conduct* (Ballantine, 1988). Si no les hubieran demandado, los productores habrían abandonado la película o suprimido el episodio protagonizado por Morrow. No lo hicieron porque, según sus abogados, eso hubiera sido como reconocer su culpa. Al final, se montó el material eliminando el accidente.

El recurso a los dobles, filmados desde lejos o de espaldas, y los convenientes retoques en el guión, han sido, sin embargo, la solución más socorrida en la historia del cine ante la muerte de un actor. Fue lo que se hizo en *Saratoga* (1937) para suplir a Jean Harlow; con *Proyecto Brainstorm* (1983) y Natalie Wood, y, más recientemente, con *Caravana al Este* (1994), tras desaparecer John Candy.

El suicidio de Marilyn Monroe en 1962 acabó para siempre con la película *Something's Got To Give,* a los treinta y cinco días de rodaje, de los que ella sólo había trabajado doce. El material filmado, del que se conservan unas tomas de Marilyn, muy hermosa, saliendo de una piscina, se enlató y acabó en un almacén. Poco después, la 20th Century Fox recomenzó el filme retitulándolo *Apártate, cariño* (1963), con Doris Day.

No menos drástica fue la solución aplicada a *Salomón y la reina de Saba* (1959), que se rodó en España. Durante un duelo a espada entre George Sanders y Tyrone Power, este último cayó fulminado por un ataque cardíaco. En horas, se le reemplazó por Yul Brynner, que aceptó la propuesta ante la perspectiva de pagar todas sus deudas con el millón de dólares que le ofrecieron por la precipitada suplencia.

Cuando no se puede recurrir a un doble, a un suplente o a la reconstrucción por ordenador, la película se muere con su protagonista. Como pasó con *Dark Blood,* el western en el que trabajaba River Phoenix cuando falleció de sobredosis en 1993. Le faltaba un mes de filmación y el actor debía aparecer casi en cada escena, en tomas muy próximas. Ante ese panorama nadie dudó en dar por terminado el proyecto.

Las muertes de Brandon Lee, River Phoenix y John Candy en menos de un año, entre 1993 y 1994, han convertido los rodajes en supuestos de alto riesgo para las compañías de seguros. En pocos meses abonaron indemnizaciones de 7 millones de dólares por *Dark Blood*, casi 11 millones por *El cuervo*, y hasta 15 millones por *Caravana al Este*. Las pólizas se han disparado y ya no resultan rentables para proyectos modestos, lo que ha repercutido en la producción de cine independiente.

Directores y actores son la punta del iceberg de la amplia gama de profesionales que trabajan en una película. No sólo en aspectos tan evidentes como la fotografía, el sonido, la iluminación y la música. Hay asesores y ayudantes para las cosas más increíbles. Por ejemplo, el personaje más popular en el rodaje de *Congo* (1995), en Costa Rica, fue el encargado de cazar las arañas tropicales y los reptiles venenosos que se acercaban al campamento del equipo.

Martin Scorsese supo reflejar tan bien en *La edad de la inocencia* (1993) las maneras exquisitas de la alta sociedad americana de fines del XIX porque tuvo junto a él durante el rodaje a una asesora de etiqueta. En Hollywood hay hasta un fabricante de armas blancas, Jack Crain, que se ajusta a las necesidades de cualquier guión y que está orgulloso de los treinta y cinco cuchillos distintos que diseñó para Arnold Schwarzenegger y su comando de elite en *Depredador* (1987).

Lo triste, después de tanto esfuerzo, es ver aún errores en las películas. Algunos difíciles de apreciar, como que si *Nacido el 4 de julio* (1989) se sitúa en 1968-69, no debería oírse la canción *American Pie*, que Don McLean sacó en 1971. Otro: si *En busca del arca perdida* (1981) se desarrolla en 1936, porqué Harrison Ford lleva un mapa en el que figura Tailandia, si ese país, por entonces, se llamaba Siam.

Los descuidos en *Al filo de la sospecha* (1985) son tan evidentes que rozan el chiste. Glenn Close, como abogada de Jeff Bridges, va vestida de gris al entrar en el tribunal, pero cuando expone sus tesis al juez lleva un traje azul oscuro y una blusa blanca, y cuando interroga a los testigos su traje es marrón oscuro y la blusa marrón clara. Más divertido. En *Wall Street* (1987), los zapatos blancos de Michael Douglas se tornan negros al dar la vuelta a un sofá.

En el polo opuesto a los errores están los guiños que les hace el director a los espectadores. Son frecuentes y hay que saber verlos. Cuando Kevin Costner lleva a Whitney Houston al cine en *El guardaespaldas* (1992), van a ver la película japonesa *Mercenario* (1961), de Akira Kurosawa, que en Estados Unidos se tituló... *El guardaespaldas*. En *Willow* (1988), el villano es el general Kael, en alusión a la crítica de cine más temida y prestigiosa de América, Pauline Kael.

La última moda es que los directores y los amigos de los directores aparezcan haciendo pequeños papeles o de sí mismos en algún momento de la película. El maestro en eso, como en tantas otras cosas, fue Alfred Hitchcock, pero lo que en él hacía gracia, ahora empieza ya a cansar. Penny Marshall, la directora de *Ellas dan el golpe* (1992), salía justo al final de *Cómo conquistar Hollywood* (1995), en el falso rodaje.

Sidney Pollack, realizador de *Memorias de África* (1985), era el doctor que no encontraba el pulso de Meryl Streep en *La muerte os sienta tan bien* (1992); Rob Rainer, director de *Cuando Harry encontró a Sally* (1989), era el amigo de Tom Hanks en *Algo para recordar* (1992), y Quentin Tarantino tiene clavada la espina de que su carrera como actor no acaba de arrancar, por más que haya coprotagonizado *Reservoir Dogs* (1992) y *Abierto hasta el amanecer* (1995).

Los chistes en el cine de animación son aún mucho más sutiles. En la escena del cabaret de *Quién engañó a Roger Rabbit* (1988), los dibujantes intercalaron un fotograma con el dibujo de la Betty Boob, la famosa vampiresa del cómic, con el pecho desnudo. Sólo es posible verlo en láser disc o en vídeo, si se congela la imagen en el momento justo. Pero a los ejecutivos de la Walt Disney no les hizo gracia la ocurrencia y el fotograma se retiró en la edición en vídeo del filme.

En *Armas de mujer* (1988), en la primera cita de Harrison Ford con Melanie Griffith, ella va vestida y peinada como su madre Tippi Hedren en *Los pájaros* (1963). Luego, Sigourney Weaver aparece escayolada, con un gorila de peluche. Como su anterior película había sido *Gorilas en la niebla* (1988), todos creyeron que era otro guiño, pero no. La actriz asegura que sólo fue una casualidad. Ya se sabe, cuando un grupo de locos maravillosos se pone tras una cámara puede ocurrir cualquier cosa.

13

DESAFÍO TOTAL

(El calvario de la censura)

Lo malo de la censura es que nunca se sabe qué pasará con ella. La película *Juego de lágrimas* (1992), en la que hay un giro esencial de la historia que exige mostrar unos genitales, se enfrentó al inconveniente de que en Japón está prohibido enseñar el vello pubiano en la pantalla. La traba con *La lista de Schindler* (1993) en Malasia, país musulmán, fue que, según las autoridades, «promovía la simpatía por una raza», la judía, claro, ya que trataba del genocidio nazi.

En el mundo del cine suele decirse que nadie conoce la fórmula del éxito, pero que para fracasar basta con intentar contentar a todos. Eso es a lo que juega la censura desde que existe Hollywood y no hay que olvidar que hay muchos recursos para alterar la labor de los cineastas. Desde impedir que se haga la película, a cambiar el final original por otro más comercial, pasando por eliminar, con el clásico tijeretazo, lo que no gusta, por lo general, escenas de contenido erótico.

«En los *western* —bromeaba Gary Cooper—, te dejaban besar al caballo, pero nunca a la chica.» La ironía del actor pone al descubierto el peor efecto del celo de los censores. Para evitarse problemas y desembolsos, productores y cineastas se autocensuran al hacer la película, a veces, más alla de lo que hubiera hecho el censor, provocando un daño en su espíritu mayor que el de cualquier tijera sobre sus obras.

Tras años de práctica, los productores han aprendido a sacar ventaja de los inconvenientes y ya se arriesgan a rodar escenas imposibles de proyectar en un cine de Estados Unidos. No importa, porque su objetivo es el mercado exterior, cada vez más lucrativo. Preparan el ambiente con la publicidad que genera el escándalo y luego atraen al público con la promesa, cierta, de que por el precio de una entrada verán lo que les está prohibido a los americanos, la copia íntegra del filme.

A la versión de *Instinto básico* (1992) que se estrenó en Estados Unidos, por ejemplo, le faltaban cuarenta y dos segundos que, sin embargo, se vieron en los cines de Europa. Corresponden a un momento en el que los protagonistas, Sharon Stone y Michael Douglas, practican el sexo oral. «Nos reímos mucho cuando le filmamos a él con la cara entre las piernas de ella —ha reconocido el director Paul Verhoeven—, porque sabíamos que la imagen nunca llegaría al mercado americano.»

Los casos se multiplican en los últimos años. Durante la campaña mundial de publicidad de *El color de la noche* (1994) no se habló de otra cosa que de las fuertes escenas eróticas entre Jane March y Bruce Willis, en las que el actor exhibía fugazmente el sexo. Se estableció, incluso, una divertida competición entre países, en la que España fue la primera en estrenar la copia íntegra, mientras que en Estados Unidos, Francia y Reino Unido se hicieron distintos cortes.

No deja de ser una paradoja que Hollywood se dedique ahora a la política de dobles versiones, una más fuerte para exportar, y otra, complaciente con la censura, para el mercado nacional. Justo lo que se estuvo haciendo durante años en el cine español para evitar que las estrictas normas de moral que se aplicaban a la pantalla hicieran perder competitividad a nuestras películas en el difícil mercado exterior.

El mecanismo es tan consciente que en los contratos de los directores figura una cláusula que les obliga a que la versión que entregan a la productora no sea para mayores de dieciocho años, una calificación que resultaría mortal para la taquilla en América. Paul Verhoeven, realizador de *Instinto básico,* decidió echarle un pulso al sistema con *Showgirls* (1995), su siguiente película, producida por la Metro Goldwyn Mayer, que fue calificada para mayores de dieciocho años.

Desde *Henry y June* (1990), producida por la Universal, ningún gran estudio se había atrevido a estrenar películas para mayores de dieciocho años. Con la diferencia de que mientras *Henry y June* era un filme de calidad, enfocado al circuito reducido de salas de arte y ensayo, *Showgirls* era una gran producción que se estrenó en 1.388 cines de todo el país. La aventura se saldó con un estrepitoso fracaso en la taquilla.

No ha sido la primera vez que Verhoeven, un director de culto en su etapa holandesa hasta que debutó en Hollywood con la comercial *Robocop* (1987), se ha enfrentado a la censura del público. Una película sufre el acoso de distintos tipos de manipulación, desde que surge escrita en forma de guión hasta que llega a los cines. Uno de los momentos en los que está más sujeta a alteraciones externas es durante su filmación.

El rodaje de *Instinto básico* fue un campo de batalla entre los cineastas y grupos radicales de homosexuales, que no estaban de acuerdo con la imagen que se da de las lesbianas en la película. El equipo tuvo que trabajar a diario protegido por un mínimo de cincuenta policías antidisturbios e incluso el propietario de un bar en el que se filmaron algunas escenas fue amenazado de muerte. La tensión era tal que el guionista Joe Ezsterhas trató de cambiar el guión, a lo que Verhoeven se negó.

Fueron otros escándalos, los de las estrellas de los locos años veinte, los que dieron origen al nacimiento de la censura en Hollywood, que, en realidad, la ejerce un organismo privado. Surgió precisamente como una autovacuna que los magnates de los estudios aplicaron a la industria, temerosos de que tanto desmán no dejaría otra salida al Gobierno que abrir una oficina de la administración para velar por la moral del cine, sometiendo a los productores a un control externo.

La gota de agua que hizo colmar el vaso fue la trágica muerte, en 1921, de la aspirante a actriz Viginia Rappe durante una fiesta salvaje de Roscoe «Fatty» Arbuckle, la primera estrella con sueldo anual garantizado de un millón de dólares. El incidente provocó una reacción tan virulenta en la opinión pública que el actor fue vetado por los productores y todas sus película retiradas de los cines para siempre.

Meses después, en 1922, los grandes estudios crearon la Motion Pictures Producers and Distributors of America, hoy llamada Motion Pictures Association of America, para defender sus intereses empresariales y establecer un control moral sobre Hollywood. Tras varios intentos fallidos, en 1934 se impuso un «código de producción», coloquialmente apodado Código Hays, por Will H. Hays, presidente de la asociación.

Las normas, redactadas con la ayuda de la Liga de la Decencia, se publicaron en un folleto de diecinueve páginas que se reformaba cada año con sugerencias más extravagantes. «En la lista —contaba el director Joseph. L. Mankiewicz—, decía que al abrir la puerta de un cuarto de baño, no podía verse la taza del inodoro, así que, hasta 1955, más o menos, el público debió de creer que en América no teníamos inodoros.»

Uno de los temas tabú eran las relaciones entre parejas de distinta raza, que no apareció en el cine americano hasta los años cincuenta. Fue así hasta tal extremo que la actriz de origen asiático Anna May Wong (1907–1961), la prostituta amiga de Marlene Dietrich en *El expreso de Shanghai* (1932), fue la única estrella de la época que jamás dio un beso en la pantalla. Lo más cerca que estuvo fue el que rodó en *Hai-Tang* (1930), pero los censores lo suprimieron.

El celo de los guardianes de la moral llegó muy lejos. A los productores de *King Kong* (1933) les exigieron, para aprobarlos, una traducción de los diálogos de los nativos de la película, que, en realidad, hablaban una lengua inventada. En *De hoy en adelante* (1947) se eliminó la segunda parte de la frase de Joan Fontaine: «No dormí bien la pasada noche. Debió de ser por las dos tazas de café que tomé.» El motivo fue no ofender a los cosechadores brasileños de café.

A los censores nunca les faltaba ayuda y si se les pasaba alguna cinta controvertida, eran los espectadores los que tomaban medidas. La indignación del padre de James Stewart no tuvo límites al ver a su hijo en la pantalla hablando con toda libertad de anticonceptivos, de una violación y del color de unas braguitas en su papel de abogado en el drama judicial *Anatomía de un asesinato* (1959). Así que puso un anuncio en el diario de su ciudad para que sus vecinos no vieran el filme.

La presión sobre Hollywood la ejercía, a veces,

un país extranjero. El estreno de *The Devil is a Woman* (1935), de Josef von Sternberg, con Marlene Dietrich, levantó la ira del Gobierno de la República española, molesto por la imagen que el filme daba del país y de una guardia civil ineficaz. El 31 de octubre de 1935 el ministro Gil Robles anunció que nunca más se exhibiría una producción de Paramount en España si el estudio no secuestraba la película y destruía su negativo. La productora lo hizo, pero, por suerte, se salvó alguna copia.

Para los estudios que eran miembros de la Motion Picture Association of America era obligatorio someter a censura sus guiones, películas, fotos promocionales, material publicitario y hasta los *trailers* o avances de estrenos. Si una película no obtenía el visado de Hays, ningún cine propiedad de los estudios lo podía estrenar, lo que significaba el fin de su carrera comercial. Los productores independientes y los extranjeros presentaban sus películas de forma voluntaria.

Con retoques, el código Hays estuvo en vigor hasta 1968. Entonces, Jack Valenti, presidente de la asociación desde 1966, sustituyó la vieja obligación de la censura previa por el actual sistema de calificar por categorías las películas una vez hechas, según el tipo de público al que van dirigidas. A pesar de la labor de maquillaje y los cambios impuestos por la evolución lógica de los tiempos, en esencia, sigue siendo un sistema de censura que provoca no pocos conflictos.

El mayor escándalo estalló, en 1990, al calificar

con una X, reservada a las producciones pornográficas o de extrema violencia, varias películas consideradas de autor: *Henry y June* (1990), de Philip Kauffman; *El cocinero, el ladrón, su mujer y su amante* (1989), de Peter Greenaway; *Henry, retrato de un asesino* (1990), de John McNaughton, y la española *Átame* (1989), de Pedro Almodóvar. Todas ellas apelaron la decisión, lo que provocó un ligero retoque del sistema.

Las posibles calificaciones se reestructuraron en seis categorías, que son las vigentes en la actualidad: G (todos los públicos), PG (menores acompañados), PG–13 (menores de trece años acompañados), R (menores de diecisiete años acompañados), NC–17 (prohibida para menores de diecisiete años) y X (sólo para mayores de dieciocho años). La calificación NC–17, creada ese 1990 para obras de valor artístico en las que salen escenas de sexo, no solucionó casi nada, porque se sigue viendo como una variante de la X.

Entre los desafueros modernos se cuenta la censura del *trailer* del filme *Seis grados de separación* (1994), del que se eliminó la imagen del Adán que pintó Miguel Ángel en los frescos de la Capilla Sixtina por considerarla «desnudo frontal masculino». Si bien, avergonzados por la reacción originada, se permitió que apareciera en la película con la que debutó en el cine Will Smith, popular por el éxito de la teleserie *El príncipe de Bel Air.*

El gran inconveniente de las calificaciones, frente a la censura previa que imponía el antiguo código Hays, es que ahora no está escrito en ningún sitio lo que se permite y lo que no. El director Alan Parker nunca ha llegado a saber por qué su película *El corazón del ángel* (1987) recibió una X. «No pueden decirte lo que les resulta ofensivo —se lamenta el cineasta—, porque entonces se convertirían en una forma de censura, que es exactamente lo que son en realidad.»

Someterse a la calificación es voluntario, pero si se intenta estrenar una película sin ella, la mayoría de los cines no la programará y muchos medios de comunicación no aceptarán su publicidad. Aparte de este sistema, grupos religiosos y de padres mantienen los suyos propios. Por ejemplo, La Dove Foundation (Fundación Paloma), establecida por el impulsor de la Asociación Nacional Cristiana, promueve el cine de valores familiares, con una paloma como símbolo.

Bastante más activos, los miembros de la conservadora Asociación de Familias de América, de inspiración cristiana, le han declarado la guerra a la todopoderosa Walt Disney, con un boicot a todos sus productos, desde películas a parques de atracciones y muñecos. El motivo del enfado es que el estudio aceptó en octubre de 1995 que las parejas homosexuales de sus empleados se beneficien también de las prestaciones sanitarias que ofrece a las familias de su personal heterosexual.

La medida no es innovadora y casi todos los estudios la practican desde hace tiempo, pero ninguno, como Disney, recibe el grueso de sus ingresos, cada día más sustanciosos, del cine familiar. Entre el alud de protestas de todo el país llegó una carta de quince parlamentarios del Estado de Florida, en el que está el parque Disney World. La misiva recriminaba a la productora «su desprecio de la santidad del matrimonio» y desaprobaba «su apoyo a un estilo de vida antinatural».

Los problemas de la compañía se han ido multiplicando según diversificaba sus actividades fuera del ámbito del cine familiar, en especial con sus empresas subsidiarias, como la editorial Hyperion, que publicó el libro *Growing Up Gay (Crecer homosexual)* y la productora de cine independiente Miramax, que intentó estrenar *Sacerdote* (1994), sobre un cura homosexual, justo el día de viernes santo, lo que provocó protestas de distintos obispos de Estados Unidos.

Lo curioso es que el político conservador Robert Dole, del partido Republicano, declinó comentar el caso de Disney, al desatar, en junio de 1995, una tormenta política de gran magnitud, acusando al cine de ser la causa de todos los males de América. Su esposa, Elizabeth, sí se pronunció sobre el particular y anunció la venta de sus 15.000 dólares en acciones de la compañía Disney como respuesta al estreno de la película *Sacerdote.*

El objetivo de Robert Dole, en cambio, fue Time-Warner, el poderoso grupo americano del sector del entretenimiento. «Se ha cruzado el límite —clamó—, no sólo del buen gusto, sino de la dignidad humana y de la decencia y la factoría de sueños de Hollywood produce pesadillas de depravación.» El ataque a Warner abarcó tanto su faceta de productora de películas como *Asesinos natos*, como su actividad discográfica, con grupos de música *rap*, como Cannibal Corpse, Getto Boys y 2 Live Crew.

«No es lo mismo una canción de Elvis Presley, que esas otras que se ríen de una violación», declaró el ex ministro de Educación William Bennet. Incluso un sondeo del diario *Los Angeles Times* confirmó que el 71 por 100 de los encuestados estaban de acuerdo con Dole. La presión obligó al presidente Clinton, del partido Demócrata, a manifestarse en contra de la censura, pero a reconocer que compartía algunas de las opiniones de Dole y a exigir a Hollywood que hiciera un cine «reponsable».

«La hipocresía de Dole, iguala a su mala fe —respondió Oliver Stone, director de *Asesinos natos*—, porque quiere acabar con las limitaciones para comprar armas de fuego, pero acusa a Hollywood de generar violencia.» Otra contradicción en la condena del político conservador fue olvidarse de mencionar a estrellas del cine de violencia, muy aficionados a las armas en su vida privada, pero simpatizantes del partido Republicano como Bruce Willis, Sylvester Stallone y Arnold Schwarzenegger.

La agria polémica recordó otras ocasiones en las que políticos ambiciosos medraron a costa de Hollywood. Entre ellos, William H. Hays, que antes de crear la censura formó parte del gobierno del presidente republicano Harding. Pero ninguno más nefasto que el senador Joseph McCarthy, también del partido Republicano, que sembró el terror con su «caza de brujas», asolando el mundo del cine y la cultura americanos.

Tanta persecución no desveló uno de los secretos mejor guardados de la meca del cine: esos desnudos espléndidos que desaparecen en la sala de montaje, víctimas de la tijera del censor, no corresponden muchas veces a las estrellas que los lucen. Pertenecen, en realidad, a actores anónimos que prestan sus cuerpos perfectos a los ídolos para que éstos mantengan ante los espectadores su imagen de fantasías sexuales.

El secreto dejó de serlo cuando la prensa descubrió que la magnífica anatomía que lució Julia Roberts en *Pretty Woman* (1990) no era del todo suya. En realidad correspondía a tres mujeres diferentes. A la propia Roberts, a la modelo Donna Scoggins, que le prestó su curvilínea figura para las fotos empleadas en carteles y publicidad, y a la bailarina Shelley Michelle, que cedió su cuerpo en el rodaje.

Shelley Michelle es la estrella de las dobles de cuerpo y tiene aseguradas las piernas en un millón de dólares. Actriz y bailarina, antes de *Pretty Woman*, había doblado a Madonna en unas fotos que se hizo la cantante en 1979. Los productores de la película dejaron claro desde el principio que Shelley no figuraría en los títulos de crédito, así que al descubrirse su participación, negaron que Julia Roberts hubiera sido doblada.

Alfred Hitchcock fue uno de los primeros directores en emplear dobles de cuerpo. El mago del suspense necesitaba un desnudo femenino en la famosa escena de la ducha de *Psicosis* (1961). La protagonista, Janet Leigh, sólo aceptó hacerlo si llevaba postizos color carne en el pecho y en el vientre, pero se iban con el agua. El director recurrió a dos dobles, Margo Epper prestó su cuerpo para los planos largos, mientras que para las tomas más próximas prefirió el torso de Marli Renfro.

A Demi Moore, aunque lo niega, le suele doblar Amy Rochelle Weiss, una actriz desconocida que está orgullosa de su cintura y su pecho, y que ha prestado su cuerpo a la estrella en *Ghost* (1990) y en *Proposición indecente* (1993). Otras asiduas a las dobles fueron, por razones de su corta edad, Brooke Shields en *El lago azul* (1980) y en *Amor sin fin* (1981) y Jodie Foster en *Taxi Driver* (1976).

Otra manipulación habitual en el cine es cambiar el final original de la película por otro más comercial. Esta práctica es el resultado más visible de los pases especiales que los estudios hacen de sus producciones antes de estrenarse. Al acabar la proyección se le pregunta al público lo que opina sobre los distintos aspectos del filme, para ir cambiando sobre la marcha las partes que menos gustan a los espectadores.

Casi diez años le costó a Ridley Scott que su película *Blade Runner* (1982) llegase a los cines tal y como él la había filmado. La incomprensión de los productores forzó a Scott a estrenarla en su día recortada, con la voz de un narrador que explicaba la trama y con un final romántico e irreal en lugar del previsto, pesimista y ambiguo. Diez años después, Warner permitió a Scott restaurar la copia primitiva, que se estrenó con excelentes resultados de taquilla.

Adrian Lyne, otro director británico como Ridley Scott, que ha conocido el éxito en Hollywood, tuvo una experiencia similar con *Atracción fatal* (1987). La estrenó con el típico final feliz, en el que la esposa engañada mata, en defensa propia, a la ex amante de su esposo. Por el contrario, en el otro final la amante se suicida con un cuchillo que tiene las huellas del marido que acaba en la cárcel. «Era genial —ha asegurado Lyne—, porque ella le atrapa desde la tumba.»

¿Qué puede hacer un cineasta contra tales abusos? Sólo le cabe acudir a Allen Smithee: el peor, más prolífico y versátil de los realizadores americanos; un personaje tan misterioso como popular en los platós de Hollywood. Le da lo mismo trabajar en cine o en televisión, en un *western* o en un musical. Tiene prohibido conceder entrevistas y nadie le ha visto jamás... porque no existe. Es sólo el seudónimo de los directores que no reconocen la paternidad de su obra.

Allen (a veces, Alan) nació en 1967, cuando Robert Totten y Don Siegel, corresponsables de *Ciudad sin ley* (1969), se negaron a aparecer en los títulos de crédito de una película de la que renegaban. Para usar el seudónimo, el sindicato de directores exige que alguien distinto al realizador, por ejemplo, un productor, asuma el control creativo de una película y, bien rodando nuevas escenas o haciendo un montaje nuevo del material existente, la deje irreconocible para su autor.

Le ocurrió al actor y director Dennis Hopper con *Camino de retorno* (1989). La productora impuso un nuevo montaje y cambió su final y la banda sonora original. ¿Puede extrañar que Hopper firmara como Alan Smithee? Aunque el caso más extraño fue el de David Lynch con *Dune* (1984), que llevaba bien visible su nombre cuando se estrenó en los cines. Sin embargo, como no aceptó los cambios que se hicieron en la versión para televisión, obligó a firmarla Alan Smithee.

Con la televisión, las cintas de vídeo, el láser disc y los ordenadores se han multiplicado las formas en las que se puede alterar una película. En consecuencia, han variado por completo las funciones del director de cine, sobre todo desde la perspectiva de aquellos críticos que le consideraban el autor único del filme. Antes, un realizador concluía su trabajo con el estreno de la película. Ahora, meses o años después, aún sigue readaptando su obra para exhibirla en cada nuevo medio.

De unas versiones y formatos a otros varía casi todo: desde el color y los encuadres al montaje, de forma que el resultado de esa labor, por lo general desconocida para el público, da lugar a otro filme, titulado como el original pero de contenido diferente. Brian de Palma, por ejemplo, realizó más de 1.200 cambios cuando adaptó del cine al formato vídeo su película *Los intocables de Elliot Ness* (1987).

La participación del director en estas enmiendas es relativamente nueva y hasta no hace mucho corrían a cargo de técnicos anónimos que a veces tomaban decisiones creativas que irritaban al autor de la película, como cuando en 1984 Barbra Streisand exigió destruir miles de copias de *Yentl* (1983), su ópera prima como directora, al comprobar que el color sepia del original era verde en la cinta de vídeo.

El láser disc y el vídeo se han convertido en los soportes ideales para que los estudios rentabilicen la fiebre de los aficionados por disfrutar de las versiones que filmaron los directores, pero nunca llegaron a los cines. Casi no queda un clásico moderno del que no haya salido una versión alternativa del director, aunque alguna sea tan sutil como la de *Batman,* de Tim Burton, exacta en todo a la del estreno comercial, excepto porque la iluminación es un poco más clara.

Aún quedan más posibilidades, como las que aporta la restauración de títulos clásicos, incorporando a la copia imágenes que se perdieron, se deterioraron o que eliminó la censura. La nueva copia restaurada de *Lawrence de Arabia* (1962) devolvió al filme el esplendor de su fotografía. La de *Espartaco* (1960), en cambio, recuperó la famosa escena del baño, cortada por la censura, en la que Lawrence Olivier, un noble decadente, seduce a Tony Curtis, un esclavo perplejo.

Por si fuera poco, el ingeniero electrónico Ralph Weinger desarrolló en 1978 un nuevo proceso por el que es posible dar color por medio de ordenadores a los viejos títulos filmados en blanco y negro. La invención no es más que otra forma de no respetar la integridad de la obra original. La dificultad para su implantación, que originó una polémica terrible, es que resulta difícil imaginar que a alguien se le pueda ocurrir colorear *Casablanca* (1942) o *Ciudadano Kane* (1941).

Las agresiones al cine se multiplican en la televisión. Las películas tienen formato rectangular, luego es evidente que hay que modificarlo para poder emitirlas por la pequeña pantalla, que es casi cuadrada. Además, los continuos cortes publicitarios, de duración desigual e imprevisible, sin el menor respeto a la continuidad del argumento ni las reglas de la sintaxis cinematográfica, convierten en distinta una misma película cada vez que se emite.

Muchas salas de cine no salen mejor paradas y hay, por ejemplo, multicines que mutilan los títulos de crédito finales para ganar tiempo y poder ofrecer una sesión diaria más. La duda sobre el daño que eso hace a una película se agudiza en los casos en los que las imágenes que salen durante los créditos, y aun después de estos, añaden información al espectador o cambian por completo el sentido y desenlace del argumento, como pasa con *El secreto de la pirámide* (1986).

Por resumir, tampoco hay que olvidar que el doblaje y el subtitulado, cada uno con sus características propias, son formas muy eficaces de manipulación y censura. Lo mismo que una política de distribución que condene a una película al fracaso, la exhibición en una sala de cine que no reúna condiciones, el boicot de la prensa, la manipulación de los «trailers» o avances de estreno y... un sinfín de cosas más.

Ante tanto atentado contra la labor de los cineastas, la duda que surge es, ¿cuándo se puede decir que se ha visto o no una película? El Congreso de Estados Unidos estudió en 1991 un proyecto para que los filmes, en su explotación posterior al estreno, llevasen una etiqueta de calidad que informase al consumidor de si el color, el montaje, el formato o la duración de la película que iba a comprar estaban manipulados. Además, debía incluir la opinión de los «autores artísticos» sobre las posibles alteraciones.

El gremio de directores apoyó de inmediato el texto, pero los sectores empresariales vieron en él un peligro. «Resulta increíble —declararon— que haya gente de la comunidad artística que invite al Gobierno a poner un sello que pueda menospreciar nuestras películas. Las etiquetas atentan contra la libertad de expresión que siempre hemos luchado por preservar.» Esos mismos estudios fueron los que pusieron en marcha en los años treinta la censura.

14

LA PUERTA DEL CIELO

(La prueba de la taquilla)

UNA de las grandes ventajas de ser una estrella es que además de cobrar un sueldo, se tiene derecho a un porcentaje de los beneficios que generan las películas. El único problema es que en Hollywood sólo media docena de títulos al año, ninguno de ellos de gran peso, obtienen beneficios. No deja de resultar casi increíble que, según la Paramount, *Forrest Gump* (1994), que costó 55 millones de dólares, aún estuviera en números rojos después de recaudar 657 millones de dólares en un año.

El primer sorprendido fue Winston Groom, el autor de la historia, que cobró 350.000 dólares en efectivo al vender los derechos y al que prometieron un 3 por 100 sobre el beneficio neto. ¿Cómo puede nadie digerir que una de las producciones más taquilleras de todos los tiempos, después de recaudar doce veces más de lo que costó hacerla, aún debe 62 millones de dólares? Muy sencillo, al presupuesto original, se le suman la distribución, promoción, exhibición y pago de intereses.

Aun así, Groom no acababa de estar convencido, porque Tom Hanks, el protagonista, y Robert Zemeckis, el director, sí que cobraron puntualmente sus porcentajes, que juntos sumaban 40 millones de dólares. Lo que no sabía el escritor es que había caído en lo que puede llamarse la trampa del porcentaje. Es muy fácil de hacer. Basta con prometer al incauto un tanto por ciento sobre las ganancias sin aclarar que un filme no empieza a ganar dinero hasta el momento justo que quiere el estudio.

¿Por qué cobraron entonces su parte Hanks y Zemeckis? Porque su porcentaje no era sobre el beneficio neto, sino sobre el bruto. Es decir, sobre la cantidad que genera la taquilla antes de descontar ningún otro gasto. Lo que se llama en Hollywood «desde el primer dólar», un privilegio que sólo pueden imponer unas pocas estrellas. El resto va a porcentaje de beneficios netos, que no suele llegar a cobrarse, pero va elevando la cotización para próximos contratos.

Cualquier profesional con experiencia sabe que hay un abismo entre las cifras de taquilla y los beneficios de una película. En ese espacio entra en juego lo que se conoce, con ironía, como «contabilidad creativa». Un viejo chiste mantiene que entre la mafia y la industria del cine han acaparado a todos los buenos contables. Debe de ser cierto porque el caso de *Forrest Gump* fue también el de *Superman*

(1978), *Atracción fatal* (1987) y *Robin Hood, príncipe de los ladrones* (1991).

El director Ridley Scott lo aprendió con el triunfo de *Alien* (1979) y no se mordió la lengua al exponer su caso en la revista profesional *Variety:* «Es muy difícil que te sonría la suerte y que tengas éxito —se lamentaba—. Por eso me parece miserable que los dos guionistas de *Alien* y yo mismo no hayamos visto aún ningún dinero.» La película costó 10,8 millones de dólares y, al año de estrenarse, con 48 millones recaudados, la 20th. Century Fox aún declaraba pérdidas.

Un lince de los negocios, como es Sean Connery, plantó cara al sistema y en 1984 denunció que la Metro Goldwyn Mayer, por entonces fundida con United Artists, y el productor Albert Broccoli habían violado la seguridad jurídica americana al minusvalorar sus beneficios en varias películas de James Bond, pero no le hicieron caso en los tribunales. Las demandas de todo tipo se han multiplicado, pero nunca han prosperado.

Varios de los protagonistas de *Star Trek II. La ira de Khan* (1982), incluidos los populares Leonard Nimoy y William Shatner, optaron por la vía de exigir una auditoría a fondo de los libros de contabilidad para calcular bien los beneficios del filme en Estados Unidos. La medida surtió efecto y la Paramount soltó el dinero a razón de 50.000 dólares por cada punto de porcentaje. Animados, los actores anunciaron que iban a solicitar nuevas auditorías para las ganancias de cada país.

La batalla más dura que se ha librado en este campo la planteó el humorista Art Buchwald contra la Paramount, por plagio de *El príncipe de Zamunda* (1988) y por no recibir el porcentaje prometido. Aunque Buchwald ganó, el estudio tiene recurrida la condena de pagarle 900.000 dólares. Pierce O'Donnell, abogado del cómico, recogió los pormenores del escándalo en su libro *Fatal Substraction* (Doubleday, 1992).

El juez Robert Takasugi marcó un hito histórico al admitir el 17 de junio de 1996 una demanda colectiva contra los métodos contables de Warner, Disney, Universal, Paramount, Columbia, 20th. Century Fox y Metro Goldwyn Mayer. La acción la habían iniciado los herederos del fiscal Jim Garrison, muerto en 1992 y autor del libro que inspiró *JFK, caso abierto* (1991). La película, según el escrito, recaudó 150 millones de dólares, pero Garrison no recibió su parte de los beneficios.

Los importante del caso es que el magistrado abrió la demanda a cualquier actor, director, productor o guionista que tuviera un contrato similar, posterior a 1988, pero aún no hubiera cobrado sus beneficios. La cifra de afectados podría llegar a doce mil profesionales y las indemnizaciones alcanzar los 1.000 millones de dólares. Sin embargo, lo más posible es que el procedimiento legal no prospere, como ha ocurrido en tantas ocasiones anteriores.

Los estudios no reparan en gastos y en medios para proteger su patrimonio y luego, en cambio, cometen errores imperdonables. La Paramount, que era la propietaria del clásico de Frank Capra *¡Qué bello es vivir!* (1946), olvidó renovar en 1974 los derechos de autor del filme, que pasó al dominio público. Es decir, que nadie tiene que pagar nada por explotarla en cine, vídeo o televisión. Por ese olvido, el estudio deja de ingresar cada año varios millones de dólares.

La verdad es que las películas que generan beneficios más claros en Hollywood no son las superproducciones, sino los títulos modestos que tienen un éxito inesperado en taquilla. El caso más famoso fue el de la mítica *Buscando su destino* (1969), que sólo costó 400.000 dólares y, en cambio, recaudó 50 millones de dólares. La paradoja es que este tipo de películas las hace gente que no suele trabajar a porcentaje.

El interés del público por saber los presupuestos de las películas y sus recaudaciones en taquilla es nuevo. Hasta hace poco esa información sólo interesaba a los contables de la industria y a los dueños de los cines. En la actualidad, sin embargo, esos pormenores económicos, en muchos casos retocados a conveniencia por las productoras, se han convertido en un elemento de promoción que atrae a los espectadores a los cines, lo mismo que recibir premios o triunfar en festivales.

«Es como la lista de libros más vendidos —ha denunciado Peter Travers, crítico de cine de la revista *Rolling Stone*—, la gente sólo se fija en los primeros y dice: "Ése es el que tengo que comprar." Esta clase de listas atraen multitudes a las taquillas y llevo años lamentando algo así.» Sin embargo, es un hecho que eso ocurre y que la prensa se hace eco de esas listas, elaboradas a partir de datos, no siempre exactos, que les proporcionan periódicamente las distribuidoras.

El presupuesto de una película es uno de los secretos mejor guardados de un estudio. La cantidad real suele ser mayor que la declarada al rodar y menor que la anunciada al estrenar. Los bailes de cifras que hubo con *Waterworld* (1995) y *Terminator 2. El juicio final* (1991) muestran lo fácil que es ajustarla. Al rodar se resta el sueldo que las estrellas cobrarán después de acabar. Al estrenar, se suman intereses y gastos de distribución, promoción y exhibición.

No son más complicadas de retocar las cifras de taquilla que hace un estreno cada semana en Estados Unidos y que luego se envían, con fines promocionales, a los medios de prensa de países de todo el mundo. Hay que estrenar un día que ninguna otra película de peso pueda hacer competencia y en una gran cantidad de cines a la vez. En pocos días, lo más seguro es que el filme desaparezca de más de la mitad de los cines, pero ya ha conseguido ser número uno de taquilla una o dos semanas.

«Odio decirlo —confesaba Brian Grazer, productor de *Un, dos, tres... splash* (1984) y de *Llamaradas* (1991)—, pero es esencial ser Número Uno en taquilla. El público quiere ver éxitos. Pueden no creer el avance del estreno o las críticas, pero no tienen dudas sobre lo que dice la taquilla.» El espectador se siente atraído por comprobar si de verdad es tan buena esa película que todo el mundo ha visto o quiere ver.

La última argucia para batir marcas de taquilla en los primeros días de estreno es comenzar los pases cada vez a horas más tempranas. La tendencia la inició *Misión imposible* (1996), de Tom Cruise, que recaudó 74,91 millones de dólares en su primer fin de semana de exhibición, un puente de seis días en mayo de 1996, con lo que batió las marcas, para igual período, de *Parque Jurásico* (1993), con 74,14 millones, y de *Batman Forever* (1995), con 72,2 millones.

Aunque dos películas se estrenan el mismo día, si una abre la taquilla un poco antes, podrá ofrecer varios pases más que la otra. Esta ventaja que parece mínima, no lo es, porque hay que multiplicar esa recaudación adicional de cada cine por las más de dos mil salas de todo Estados Unidos en las que se estrena un título estrella. Según los expertos, esta artimaña genera beneficios equivalentes a estrenar un día antes que la competencia. Eso es lo que pasó con *Misión imposible.*

Junto al presupuesto y las recaudaciones semanales, el tercer mito económico que alimenta la promoción actual de un filme es alcanzar la cifra tope de 100 millones de dólares. La psicosis de los estudios por superar ese número mágico roza el ridículo. La Universal, por ejemplo, para tener contento al director Ron Howard, montó en 1994 un reestreno limitado de *¡Dulce hogar... a veces!* (1989) para redondear los 98,9 millones de dólares que recaudó el filme en su primer estreno.

Con el sistema de «contabilidad creativa» que se usa en Hollywood, no es sencillo saber cuáles son las películas más rentables de la historia. En cualquier caso, no cabe duda de que Steven Spielberg, como director o productor, copa desde hace años la clasificación. Lo curioso es que, antes de estrenarse, nadie hubiera supuesto que *La guerra de las galaxias* (1977), *E.T.* (1982), *Solo en casa* (1990) y *Forrest Gump* (1994), iban a batir marcas históricas en las taquillas.

«El problema con las reglas —resaltaba un ejecutivo de la Columbia— es que se hacen mirando por un espejo retrovisor y aunque hay películas que responden a alguna lógica, siempre se darán las anomalías.» La conclusión que se puede sacar de las películas más taquilleras de todos los tiempos es que suelen ser del género fantástico o de ciencia ficción, tipo *Parque Jurásico* (1993), o historias para toda la familia, como *Sonrisas y lágrimas* (1965) y *Solo en casa.*

En el extremo opuesto están los grandes desastres de la historia. Con ellos se demuestra lo caprichoso e imprevisible que resulta el gusto del público para los cineastas, ya que Steven Spielberg también figura en un lugar de honor en esta lista. El elevado presupuesto de su autoindulgente *1941* (1979), con guión de Robert Zemeckis, director de *Forrest Gump,* exigió la coproducción de la Columbia y la Universal, que asumieron las grandes pérdidas de su fracaso en taquilla.

Spielberg se salvó del desastre, no así el director Michael Cimino, que por esa época arruinó literalmente a la United Artists con *Las puertas del cielo* (1980). Los 12 millones de dólares de presupuesto original se inflaron hasta los 38 millones, de los que sólo se recuperaron 1,5 millones en taquilla. Cimino perdió para siempre el prestigio que tenía desde que ganó cinco Oscar con *El cazador* (1978).

Cualquier intento de análisis de los comportamientos y gustos del público por los resultados de taquilla de filmes anteriores resulta inútil para triunfar. «Siempre me preparo para el fracaso y nunca deja de sorprenderme el éxito —aclara Spielberg—. No creo que ninguno de nosotros pueda planear una película que al estrenarse recaude 100 millones de dólares. Con esto no trato de descubrir nada nuevo, sólo digo la verdad.»

La angustia de la gente del cine por asegurar su trabajo frente al fracaso permite que surjan tipos tan curiosos como Christopher Lanier, un productor de publicidad televisiva que anunció en 1993 que tenía un método infalible para adivinar cómo iba a responder el público ante cualquier película antes de estrenarse. Decir eso en Hollywood es como afirmar ante un calvo que se tiene un crecepelo infalible. Crea desconfianza, pero también la tentación de probar, si no se pierde mucho.

El moderno adivino, que se negó a salir fotografiado en la prensa, llevaba nueve años perfeccionando la Motion Picture Intelligencer, una técnica para asegurar el éxito. Sólo que, al contrario de lo que suele hacerse, él no tenía en cuenta elementos externos, como promoción, atractivo de los actores y cosas así. Para demostrar la eficacia del sistema, predijo que *Dadme un respiro* (1993) iría bien en taquilla y *El abogado del diablo* (1993), mal. Se equivocó en las dos.

El problema de las listas de títulos más taquilleros es que con el incremento imparable del precio de las entradas en los últimos años los puestos cambian con rapidez. Además, casi siempre se toman como referencia fuentes de la industria y la prensa americanas, sin reparar en que esas clasificaciones sólo reflejan los ingresos que hacen las películas en las taquillas de los cines de Estados Unidos y Canadá.

Esa referencia dejó de ser fiable cuando las películas de Hollywood empezaron a ganar más dinero en el extranjero que en su propio mercado interior. *Instinto básico* (1992) sacó 117 millones de dólares en América y 235 millones, justo el doble, en su explotación internacional. Este fenómeno de inversión de mercados alcanzó al conjunto de los beneficios netos del cine americano a partir de 1994, según ratificó la revista *Variety* en abril de 1995, calificando el suceso de «hito histórico».

A nadie en la industria pareció sorprenderle lo ocurrido. Las cifras hablan por sí mismas. El mercado americano sólo tiene 300 millones de espectadores potenciales, frente a los más de 5 billones de habitantes del resto del planeta. El obstáculo para rentabilizar ese público son las salas de cine. Como apuntaba *Variety*, Europa occidental tiene una población un tercio superior a la de Estados Unidos, pero un número de pantallas de cine un tercio inferior a las de ese país.

La instalación masiva de multicines en todas las ciudades del continente ha sido la respuesta de Hollywood para hacer de Europa la gallina de los huevos de oro del cine americano. Sin olvidar, por supuesto, que el mercado asiático es muy rentable. Los multicines pioneros se abrieron en 1972 en Bélgica, país donde está Kinepolis, que con veinticinco salas es el local con más pantallas de toda la Unión Europea. Lo visitan cada año tres millones de espectadores y copa el 55 por 100 de la exhibición en Bruselas.

Esta modalidad de exhibición cinematográfica provoca la paradoja de que cada vez hay menos cines, en el viejo sentido del término, aunque cada vez hay más pantallas concentradas bajo un mismo techo. La renovación del sector no sólo está promovida desde Hollywood, sino que son los propios estudios los propietarios de muchas de las nuevas salas. Así, en España, la cadena Cinesa es de la Paramount y la Universal, mientras Warner tiene la cadena Warner Lusomundo.

Los estudios se convierten así en dueños absolutos de todo el sistema. Producen las películas, las distribuyen, controlan su estreno en los cines y las editan luego en vídeo. El peligro es que en ese esquema no está previsto dar cabida al cine que se hace fuera de Hollywood. También la ironía es que en Estados Unidos la justicia obligó a los estudios, en 1948, a vender sus potentes cadenas de cines, porque eso atentaba contra las leyes locales que garantizan la libre competencia.

Las multisalas son un invento muy antiguo y las primeras se remontan a los años treinta, si bien la moda actual comenzó a finales de los sesenta. Hoy son un arma estratégica para rentabilizar al máximo las películas. Sus ventajas para distribuidores y exhibidores son inmensas. Lo primero es que al tener servicios comunes, como la puerta, la taquilla, la tienda de bebidas y golosinas y, muchas, hasta la cabina de proyección, reducen al mínimo el personal en nómina.

Las películas con menos atractivo para el público se estrenan arropadas por grandes éxitos, así las salas se van llenando más por las entradas que hay disponibles que por el filme concreto que se entra a ver. Como cada sala tiene un tamaño, se va desplazando la película de las grandes a las pequeñas, a medida que hace menos taquilla. Además es posible ampliar mucho la oferta y programar, a la vez, cine comercial, infantil y de arte y ensayo, lo que atrae a más público.

Llenar los cines, no obstante, es más bien una misión que lleva a cabo el distribuidor por medio de distintos recursos de promoción que van desde las campañas de publicidad a los avances de estrenos que se pasan en los cines antes de la película. «La distribución de cine —bromeaba Alfred Hitchcock— es una forma de masonería semejante a la que existe en las cocinas de un restaurante, con secretos profundos y oscuros.»

El primer paso que hay que dar para vender una película es elegir un buen título. El actor Hugh Grant triunfa con títulos muy largos, no siempre fáciles de recordar, como *Cuatro bodas y un funeral* (1994) y *El inglés que subió una colina y bajó una montaña* (1995). Aunque hay títulos cortos tan confusos como *Rapa Nui* (1994), nombre de la isla de Pascua, y *Jumanji* (1995), que cuando le preguntaban al actor Robin Williams siempre contestaba en broma que era una isla del Caribe.

Hay títulos que resultan atractivos porque no tienen nada que ver con la historia que promocionan. Uno de los más claros es *El cartero siempre llama dos veces* (1946), para una trama en la que no hay ni cartero ni llamada. Aunque tampoco están nada mal *Lo que el viento se llevó* (1939), sin huracanes a la vista; *Postales desde el filo* (1990), sin vacaciones, y *El último tango en París* (1973), con París pero sin tango.

Tan importante se considera el título que, desde la fase de guión, hasta el estreno, llega a cambiarse varias veces. La película de Julia Roberts *Algo de qué hablar* (1995), se llamó, consecutivamente, traducida del inglés, *Falso encanto, Hermanas, Los reyes de Carolina, El juego del amor* y *La fuerza del amor.* El peligro es que, como no se avisa de los cambios, se puede pensar que la actriz prepara seis películas distintas y no la misma con seis títulos.

Una queja frecuente de los aficionados es que los

títulos de una misma cinta varían de unos países a otros. Esto que parece arbitrario, a veces, es premeditado. Por ejemplo, en España, *Dying Young* (1991) en lugar de *Morirse joven*, se llamó *Elegir un amor.* Así, lo que era un drama se convirtió en una romance y mientras en América la película no respondió en taquilla, porque la palabra muerte asustó al público, en España, en cambio, con el retoque, funcionó bien.

Es un error creer que las oficinas de los estudios en cada país tienen autonomía para cambiar ni siquiera un título sin recibir autorización de Hollywood. Cuando una película llega a España, por ejemplo, la distribuidora local prepara un informe con la estrategia promocional. En él, se propone un título, gastos de publicidad, política de *trailers* o avances del estreno y hasta fecha para estrenar, indicando los títulos de la competencia con los que coincidirá en cartelera.

Las decisiones que se toman en España dependen de la respuesta que se recibe del estudio y de si la película está producida por ellos o es un título ajeno en distribución. Tras esos trámites, en los que también participa la división de vídeo de la productora, se decide si el filme se estrena en versión doblada o se envía directo al vídeo. En este último caso, a veces, se hace un estreno fantasma en versión original subtitulada para facilitar luego su explotación en vídeo.

En los últimos años, cada vez son más las películas de estrellas y directores famosos que tras facasar en los cines de Estados Unidos, quedan condenadas a estrenarse en vídeo en el resto del mundo. Ha sido el caso de *Una bruja en Nueva York* (1991), de Demi Moore; *El charlatán* (1992), de Steve Martin, Debra Winger y Liam Neeson; *Uña y carne* (1993), de Meg Ryan y Dennis Quaid; *Crooklyn* (1994), dirigida por Spike Lee, y *Esposa por herencia* (1994), de Patricia Arquette.

Si la película recibe el visto bueno y se estrena en las salas de cine se pone en marcha la maquinaria promocional. En ella, los *trailers* o avances de imágenes juegan un papel muy importante. Los primeros que se hicieron se remontan a los años veinte y en la actualidad hay más de una docena de empresas especializadas en realizarlos. Los más usuales duran entre noventa y ciento veinte segundos, pero hay otros más breves, de treinta segundos, que mezclan, como en un rompecabezas, imágenes, fotos fijas y diseños de ordenador.

La regla de oro de un avance es que ha de ser mejor que la propia película y atraer tanto al espectador que le obligue a volver al cine para verla. «Un mal avance causa más daño que el beneficio que reporta uno bueno —aclara Joe Roth, productor de *Arma joven* (1988) y *De repente un extraño* (1990)—. Si es malo, no vuelvo para ver la película, no importa cuánta publicidad pongan luego en televisión. Como espectador me he decidido y esa primera impresión es la que cuenta.»

Se cuidan tanto los avances que Steven Spielberg le pidió al compositor John Williams que hiciera la música para el de *Hook, el capitán Garfio* (1991). Warren Beatty retiró el de *Bugsy* (1991) por su pobre impacto en el público y se preparó otro, montado por el propio director de la película, Barry Levinson. Más original fue *Regreso al futuro II* (1989), que acababa con un avance de su secuela, *Regreso al futuro III* (1990), rodada a la vez, aunque estrenada después.

Los productores saben que se juegan tanto en los avances, que no es raro que sucumban a la tentación de incluir escenas que luego no salen en la película. Para el de *Agárralo como puedas 33 1/3: el insulto final* (1994) se inventó una imagen en la que el patoso de Leslie Nilson empujaba sin querer a una dama de época por un acantilado. En el de *Asuntos sucios* (1990) había un momento espectacular, con Richard Gere y Andy García rompiendo una cristalera, que nunca se vio en el filme.

Los avances en los cines y la publicidad en prensa, radio y televisión se complementan con otras medidas. Una muy popular entre los cinéfilos es la emisión televisiva de vídeos sobre cómo se hizo la película. En realidad, casi ninguno lo explica y en cambio se limitan a ser una serie de entrevistas en las que el director y las estrellas tratan de convencer al público para que vaya a verles al cine. Eso en cambio, a muchos espectadores a los que no les gusta saber cosas sobre la película antes de verla, les causa fastidio. Una excepción fue el delicioso *Así se hizo... Maverick* (1994), de Warner.

Uno de los medios preferidos para llamar la

atención gratuita de la prensa es que los protagonistas de la película visiten el país del estreno. Suelen hacerlo días antes para ir creando expectación y se mantienen muy poco accesibles a los informadores que, salvo excepciones, sólo disponen de veinte minutos de entrevista, compartidos además en grupos de cuatro. Eso, con la traducción, no permite hacer más de dos preguntas a cada periodista, del que, en cambio, se espera que al día siguiente publique varios folios sobre el encuentro.

No es más envidiable la situación de los responsables de promoción de las distribuidoras, sometidos a los caprichos de las estrellas, que viene a gastos pagados, todo de lujo, y cobrando unas dietas diarias muy generosas. El director Brian De Palma exigió en Londres que durante las entrevistas le sirvieran tazas de «cappuccino» caliente cada veinte minutos, pero no llegó a tocar ninguna y al final del día se alineaban todas en la habitación donde estuvo recibiendo a la prensa.

Woody Allen exigió, también en Londres, que el coche que le llevase del aeropuerto a la ciudad no pasara por ningún túnel en el trayecto. La petición planteó un auténtico problema logístico y hubo que realizar todo un recorrido alternativo a la carretera general para satisfacer su demanda. Cher, en fin, siempre pide un gimnasio y si el hotel que ha elegido no lo tiene, hay que instalarlo sólo para ella.

Arnold Schwarzenegger, que lo monta todo a lo grande, rompió todas las barreras al pretender anunciar *El último gran héroe* (1993) en uno de los satélites que la NASA iba a poner en órbita. La fantasía romántica *Don Juan DeMarco* (1995) se anunciaba en las bolsas de palomitas de los cines. Para *Batman* (1989), se optó por acuerdos especiales con una cadena multinacional de hamburguesas, mientras que *Dos tontos muy tontos* (1994) prefirió una cadena de comida italiana.

Los carteles provocan, alguna vez, publicidad inesperada. La compañía de autobuses urbanos de Londres hizo una campaña en 1993 con el lema «Jurassic Parker» para que no se aparcase en las paradas. Steven Spielberg estimó que el símbolo utilizado era similar al de *Parque Jurásico* y amenazó con querellarse. La compañía, muy inglesa, anunció otra demanda por el parecido entre el emblema del filme y el de la empresa, en uso desde 1858. Ante eso, el director prefirió olvidarlo todo.

De tráfico fueron también los problemas que tuvo en el Reino Unido y en Francia el cartel de *Acoso* (1994), en el que se ve, de pie, de espaldas, a Demi Moore, con una falda muy corta, inclinada hacia adelante, besándose con Michael Douglas, que tiene las manos sobre las nalgas de ella. La imagen era tan evidente que, al parecer, entretenía a los conductores y hubo que retirar los carteles de las marquesinas de los autobuses y los que estaban próximos a las calzadas.

Tampoco se salvan de esta intensa actividad promocional las nuevas tecnologías, porque Hollywood se ha incorporado con rapidez al mundo electrónico. Los estudios envían a los periodistas la información sobre sus estrenos en formato CD-ROM y han convertido la red Internet, utilizada a diario por millones de usuarios, en escaparate de sus novedades. Después de que se lanzara Columbia, con *En la línea de fuego* (1993), hoy todos los estudios usan la red para captar público.

Las productoras se están esforzando tanto en diseñar sus promociones en Internet que las revistas han llegado a sugerir que resulta más divertido consultar la publicidad electrónica que ver la película. La información de *El presidente y Miss Wade* (1995) se basaba en un sugerente tour cibernético por la Casa Blanca. Con *Toy Story (Juguetes)* (1995), Disney dio un paso más al incluir en los títulos de crédito finales del filme su dirección en la red.

En el caso de *Goldeneye* (1995) se incluían imágenes de la película, de otras aventuras de James Bond, hasta los tiempos de Sean Connery, y conexiones con más información del agente 007, en la red. A los que se interesaban por *Asalto al tren del dinero* (1995) podían guiar por la pantalla del ordenador un vagón de metro similar al de la trama del filme, superando también varios obstáculos, como en la ficción.

El cine nunca ha necesitado de la electrónica para ser interactivo. En la primera proyección pública de la historia, en 1895, en un café de París, la pantalla mostró un tren que avanzaba hacia el público y los espectadores reaccionaron aterrados creyendo que la locomotora era de verdad y que les iba a aplastar. Desde entonces, las películas no han dejado de influir sobre la vida y las costumbres de los hombres.

Verdades con apariencia de mentira que bien aprovechadas hasta pueden ayudar a hacer realidad los sueños. Ken Roberts y Deborah Covino, un financiero y una psicóloga, desarrollaron la feliz idea en el libro *The Hollywood Principle* (Four Star, 1991); que en sus más de doscientas páginas, sugiere hasta veinte formas distintas, algunas próximas a verdades de Perogrullo, para aprender a aplicar las soluciones de la ficción a los problemas que hay que afrontar en la vida diaria.

En los últimos tiempos, no obstante, la acusación más corriente es que las películas se han convertido en escuela de violencia. «Cuando era un muchacho —ha escrito Roger Ebert, uno de los críticos más populares de los Estados Unidos—, íbamos al cine a ver cómo vivían los adultos. Ahora, los niños van a ver cómo mueren.» La polémica es antigua y se reaviva cada vez que la prensa se hace eco de algún caso extremo.

En Inglaterra, en 1993, dos niños asesinaron al pequeño James Bulger, de dos años, inspirados, al parecer, por *Muñeco diabólico 3* (1991). En Gales, dos años más tarde, una niña de seis años mató de un tiro a su abuelo, de sesenta y cuatro, mientras imitaba una escena de la comedia *¡Alto o mi madre dispara!* (1992), que veía por televisión. En Nueva York, en 1995, en el metro, un empleado casi murió abrasado en un ataque con fuego, similar a una escena de *Asalto al tren del dinero.*

En el cine siempre hubo violencia, desde los tiempos de las películas cómicas mudas, pero la actual, es muy distinta a la del pasado, por su realismo y su crueldad. «El hecho de la muerte, que antes era algo horrible —argumenta el crítico Roger Ebert—, ahora pasa casi desapercibido. Hay muchos personajes que sólo existen para sufrir muertes terribles. Lo que cuenta no es el número de cadáveres, sino la forma en la que mueren.»

Nadie se atreve a asegurar que la violencia social se genere en las películas. Pero si existiese esa influencia mutua, actuaría de tres modos, según el psiquiatra inglés Raj Persaud, especialista en la materia: reduciendo el grado de sensibilidad social, mostrando la brutalidad como una solución aceptable para los problemas e incitando a emular en la vida las conductas de las estrellas de la pantalla.

Para los viejos soñadores que construyeron Hollywood, el atractivo del cine, en cambio, radicó siempre en una absoluta falta de realidad. «Cuando necesito transmitir un mensaje, envío un telegrama», repetía en frase inmortal Samuel Goldwyn, magnate de la Metro Goldwyn Mayer. No menos contundente se mostraba el genial director Alfred Hitchcock: «El cine —decía— no es una porción de vida, sino un trozo de pastel.»

15

LA QUIMERA DEL ORO

(Los premios)

CUALQUIER actor moriría por un Oscar y, en cambio, algunos, después de recibirlo, lo arrinconan en su cuarto de baño, como hizo Emma Thompson con el que ganó por *Regreso a Howard's End* (1992). «Todos mis amigos actores necesitan ir al baño en cuanto llegan a mi casa y yo sé por qué —explica cómplice la estrella inglesa—. Cierran la puerta, toman la estatuilla en sus brazos, se ponen ante el espejo y recitan: "quiero dar las gracias por este premio a...".»

El Oscar, sin embargo, no fue un galardón pensado para los actores, sino que se inventó por y para los productores y reconocer así su labor creativa como factor que reúne y coordina cada uno de los elementos individuales que componen la película. Por eso, cuando un aficionado al cine no entiende que una producción pueda estar nominada como mejor película sin que a la vez lo esté su realizador como mejor director, demuestra que los productores perdieron la batalla.

En contra de lo que se cree, la Academia de Artes y Ciencias Cinematográficas no nació en una cena solemne, con personalidades del cine el 11 de enero de 1927, como mantiene la historia oficial de Hollywood. Tampoco su fin principal fue «alentar la superación y los adelantos de las artes y ciencias de la profesión mediante el intercambio de ideas constructivas y con la concesión de premios a los logros más destacados».

La Academia, en realidad, surgió un día que Louis B. Mayer, cofundador de la Metro Goldwyn Mayer y el magnate más poderoso del momento, tuvo que enfrentarse a un problema laboral en sus estudios y comprendió el peligro que podría suponer para sus intereses la actividad sindical de sus empleados. Su respuesta fue crear, de acuerdo con los otros jefes de estudio, un sindicato amarillo, bajo la forma de institución respetable, que, además, premiase su labor.

Eso quiere decir que al principio, la actividad primordial de la Academia no eran los Oscar, sino que actuaba como organismo sindical, negociando, por ejemplo, el contenido de los contratos de sus miembros. Al llegar la Depresión que asoló la economía de Estados Unidos en los años treinta, se hizo patente que la nueva institución defendía los intereses de los estudios y cada gremio creó su propio sindicato para la defensa de sus intereses, a espaldas de la Academia.

La concesión de los primitivos Oscar no tiene nada que ver con las grandes ceremonias actuales. Los primeros años, la decisión final, a partir del voto común, dependía sólo de un grupo reducido de personas. Además, hasta 1940 los nominados no asistían a la gala de entrega durante una cena de lujo. Los aspirantes aguardaban ansiosos en casa, de etiqueta, la llamada de su representante con la buena noticia. Si no sonaba el teléfono, se cambiaban y se iban tranquilamente a dormir.

Sabiendo esto no resulta chocante que Claudette Colbert se enterase de que había ganado el premio por *Sucedió una noche* (1934) cuando iba a coger un tren para Nueva York. Así que recogió la estatuilla de paso hacia la estación, a la carrera, con ropa de calle y con un motorista aguardando a la puerta del hotel donde tenía lugar la gala, para llevarla sin pérdida de tiempo a la estación. Para tranquilidad de todos, queda añadir que la actriz no perdió su tren.

Esa falta de previsión inicial se manifiesta en un dato tan curioso como que la Academia no conserva el derecho de propiedad sobre la estatuilla del Oscar. Lo perdió, según una sentencia dictada en 1989 por el juez Laughlin Waters, porque entre 1929, primera vez que se entregó el premio, y 1941, el galardón no llevaba impresa la preceptiva marca identificativa del derecho de propiedad. O sea, que cualquiera puede utilizar sin problemas legales la imagen del trofeo.

La aproximación habitual a la historia del Oscar

se hace desde la perspectiva de los ganadores, pero es bastante más interesante del lado de los que perdieron. «Dentro de treinta años Peter O'Toole y yo aún tendremos que hacer campaña para conseguir nuestro primer Oscar», profetizó Richard Burton en 1970. El actor, nominado en siete ocasiones, no se equivocó y murió, catorce años más tarde, sin haber conseguido el premio.

En teoría, obtener un Oscar depende sólo de la calidad artística de cada interpretación y del grado de competencia que se establezca entre los candidatos. En la práctica, en la concesión influyen otros muchos factores, como el apoyo de los productores, la imagen pública y privada del aspirante, el mensaje que contenga la película, el tipo de papel que interpreta en ella o acertar con la campaña publicitaria adecuada. Las variables de la ecuación no son pocas.

La ausencia de algunas grandes estrellas en el palmarés de los Oscar tiene mucho que ver con los prejuicios que la Academia ha mantenido de siempre hacia algunos géneros clásicos, en especial hacia la comedia y, por extensión, hacia el trabajo de los cómicos, que se juzga fácil y sin mucho esfuerzo. En consecuencia, ninguno de los grandes comediantes de la historia del cine ha obtenido un Oscar ordinario.

Es cierto que los cómicos clásicos habían realizado sus mejores trabajos en la época de las películas mudas, antes de que existieran los Oscar. Pero todos los que les han sucedido, hombres o mujeres, también han sido ignorados por la Academia. Desde los especialistas en el humor físico, como Jerry Lewis o Lucille Ball, a los que se dedicaron a la comedia, como Carole Lombard, Doris Day, Peter Sellers, Rock Hudson o Tony Curtis.

A caballo entre la comedia y el musical, Debbie Reynolds, la protagonista de *Cantando bajo la lluvia* (1952), tampoco ganó el Oscar en su faceta de cantante y bailarina porque ninguno de los grandes nombres del musical ha recibido un Oscar ordinario. Al menos en su faceta de bailarines. Algo similar ha ocurrido con los maestros del terror, como Boris Karloff, Bela Lugosi, Vincent Price o Lon Chaney.

Igual suerte han corrido los especialistas en películas de acción y aventuras, muy populares entre el público, pero muy poco respetadas por la Academia. Así que, las grandes estrellas del género, por lo general actores más dotados para los alardes físicos que para la sutileza interpretativa, han sido ignorados siempre, comenzando por el entrañable Johnny Weissmuller, el mejor y más recordado Tarzán, gracias a las doce películas en las que encarnó al personaje.

Algo más increíble resulta la exclusión del palmarés de Robert Taylor, Tyrone Power, Stewart Granger y, sobre todo, de Errol Flynn, héroe de acción por excelencia, que protagonizó clásicos inolvidables como *La carga de la brigada ligera* (1936) y *Robín de los bosques* (1938). La maldición ha empezado a quebrarse con las nominaciones de Harrison Ford, aunque por una película de misterio, *Único testigo* (1985), y el sorprendente Oscar de Mel Gibson, como mejor director, por la epopeya histórica *Braveheart* (1995).

El cine policiaco, en todas sus variantes, junto a los *western*, hasta su resurgir en los últimos años, han sido otros dos géneros clásicos ignorados de siempre por la Academia. Así, actores como Richard Widmark, Glenn Ford, Robert Mitchum y Kirk Douglas, que han destacado tanto en películas de cine negro como de vaqueros, no han tenido muchas posibilidades a la hora de hacerse con la preciada estatuilla.

Excepto Glenn Ford, todos ellos fueron nominados para el premio, sin éxito. Widmark y Mitchum, al principio de sus respectivas carreras, lo que les supuso, sin duda, un impulso profesional. El caso más sangrante es el de Kirk Douglas, que carga con la cruz de no haber ganado un Oscar ordinario, aunque sí uno honorífico, a pesar de sus tres nominaciones, mientras que su hijo Michael lo obtuvo como productor, por *Alguien voló sobre el nido del cuco* (1975), y como actor, por *Wall Street* (1987).

Otro factor muy importante a la hora de ganar un Oscar es el tipo de papel que se interpreta. Los personajes preferidos de la Academia son los militares, policías, jueces, abogados, sacerdotes y luchadores por las libertades. Por el contrario, rara vez han premiado los papeles de villano, delincuente o rebelde. Si además los actores que los encarnan mantienen ellos mismos vidas o actitudes poco convencionales, lo más probable es que nunca lleguen a alcanzar el galardón.

Ha ocurrido con varios de los rebeldes más famoso del cine, como John Garfield, precursor de todos los anti-héroes, que cayó víctima de la caza de brujas contra los izquierdistas de Hollywood; a Montgomery Clift, que a pesar de su conducta difícil fue nominado cuatro veces; a Anthony Perkins; a Steve McQueen, y al mítico James Dean, que batió todas las marcas al ser nominado por dos de sus tres únicas películas, *Al Este del Edén* (1955) y *Gigante* (1956).

Dean estableció otra marca, ya que ambas nominaciones fueron a título póstumo, un factor sentimental que no logró ablandar las voluntades de los miembros de la Academia. Eso a pesar de la fuerte campaña que mantuvo a su favor la temible columnista Hedda Hopper. La periodista, que desconfiaba, con razón, del resultado de la votación, sugirió en vano que se le concediese a Dean un Oscar Honorífico que pudiera colocarse en la tumba del astro en una hornacina de granito.

El Oscar ha sido también la asignatura pendiente de la mayoría de las diosas del amor que han pasado por la pantalla. Convertidas en explosivas *sex-symbols* por los estudios, la Academia les ha negado siempre el menor reconocimiento como actrices, sobre todo a aquellas que no mantuvieron en su vida privada la discreción que se esperaba de una estrella o que dieron una imagen en la ficción que desafiaba las estrictas exigencias de la corrección moral de su tiempo.

Entre las ilustres olvidadas están algunas de las mujeres más hermosas del cine: la deslenguada Mae West, condenada en 1927 a ocho días de cárcel por escándalo; la misteriosa Gloria Swanson, la *vamp* del cine mudo, notoria amante del patriarca Joseph Kennedy; Jean Harlow, «la rubia platino», cuyo marido, impotente, se suicidó una noche que no estuvo a la altura de las circunstancias; Lana Turner, con siete maridos y multitud de amantes, a uno de los cuales mató, a puñaladas, su hija.

La exótica Marlene Dietrich, que en su primera película americana, *Marruecos* (1930), desafió todas las convenciones del sexo vistiendo de hombre y besando en los labios a otra mujer; Ava Gardner, tan célebre por sus películas como por su atribulada vida amorosa; Rita Hayworth, incomprendida por los productores, que más preocupada por su estabilidad sentimental que por su carrera, nunca llegó a conseguir ni una nominación. Un caso similar al de la mítica Marilyn Monroe.

El erotismo mucho más sutil de Lauren Bacall, Kim Novak y Gene Tierney tampoco sedujo a la Academia. Lo mismo que la frágil candidez de Jean Simmons, Candice Bergen y la malograda Natalie Wood. Posiblemente, todas lo deseaban, como el resto de estrellas mencionadas, pero ninguna lo consiguió. ¿Lo merecían? Bueno, como dijo Shirley McLaine al ganar el suyo tras muchos años de espera: «No se trata de si mereces ganar, sino de que nadie merece perder.»

La Academia ha cubierto los olvidos más escandalosos con Oscar Honorarios, premio de consolación que recibieron Greta Garbo, Fred Astaire, Groucho Marx, Edward G. Robinson, Barbara

Stanwyck, Shirley Temple, Judy Garland, Cary Grant, Deborah Kerr (nominada seis veces), Gene Kelly, Orson Welles, que lo tenía como guionista de *Ciudadano Kane* (1941) y Charles Chaplin, que ganó uno por la música de *Candilejas* (1952).

Ante tal relación de genios sin estatuilla se plantea ineludible una pregunta, ¿es posible amañar la concesión de un Oscar? En teoría, la existencia de unos, más o menos, 5.000 miembros de la Academia de Artes y Ciencias Cinematográficas de Hollywood con derecho a voto lo hace muy difícil. En la práctica, lograr la nominación es relativamente fácil, aunque llegar a hacerse con el Oscar, cuesta un poco más.

El quid de la cuestión está en la forma de adquirir la condición de miembro de la Academia y en los beneficios que se obtienen al votar. De nuevo, en teoría, antes de ser admitido, se juzgan los méritos del aspirante. En la práctica, basta con estar afiliado a alguno de los sindicatos de la industria. Una vez que ese profesional es académico, se convierte a los ojos de los productores en un voto que acerca su película al Oscar.

El sistema no es nuevo. En la época dorada de los grandes estudios, el número de votos con que contaba cada productora dependía de los académicos que tuviera en nómina. Así, al llegar el mes de las nominaciones, no quedaban académicos en paro. No en vano, en la primera década del premio, la Metro Goldwyn Mayer, de Louis B. Mayer, promotor del invento, obtuvo la cifra récord de ciento cincuenta y tres nominaciones y treinta y tres estatuillas. Más aún, de ciento dos cintas nominadas como mejor película, veintiocho fueron suyas.

Por el contrario, los estudios más pequeños ganaban pocos premios. Frank Capra descubrió «las desventajas de trabajar para la Columbia», entonces pequeña, cuando la Academia ignoró su película *Mujeres ligeras* (1930). «Los grandes estudios tenían los votos —se lamentaba—, yo tenía libertad, pero los honores eran para los que trabajaban para ellos.» Hoy, este medio de influir sobre una nominación se ha extendido también a representantes artísticos y a relaciones públicas.

Basta con que los representantes indiquen a sus clientes el sentido que deben dar a su voto para que ellos comprendan que, a cambio, no les faltará el trabajo durante el resto del año. Cuando el hábil Michael Ovitz dirigía la Creative Artists Agency (CAA), la agencia de representación más poderosa en el Hollywood actual, insinuó que «a la agencia le gustaría» que Whoopi Goldberg fuera nominada y, en consecuencia, ganó el Oscar, aunque como actriz de reparto, por *Ghost* (1991).

La forma de votar es muy importante en este juego de presiones. Los académicos se dividen en doce ramas profesionales (actores, directores, etc.) y cada una nomina por separado a los candidatos de su categoría. Cada votante propone hasta cinco aspirantes, que reciben un valor decreciente, según el lugar, del 1 al 5, que ocupen en la papeleta. Lo que hay que hacer es escribir sólo un nombre, el del favorito. Así tendrá el valor máximo y, además, se elimina al resto de la elección.

Contados los votos, se anuncian las nominaciones y ya todos los académicos juntos eligen a los ganadores. Lo que pasa es que muchos miembros sólo votan al final y, en la practica, el trámite esencial de las nominaciones queda en manos de unos pocos, los más «dispuestos». Como excepciones, para la mejor película votan juntos todos los miembros desde el principio, mientras que las aspirantes a mejor película de habla no inglesa, las selecciona un comité especial.

En la elección de la mejor película en lengua extranjera es donde se pone más en evidencia la trama del sistema. El comité de selección tiene tantas películas que ver que se divide en dos subcomités, lo que reduce a un centenar los académicos que deciden las nominaciones en este capítulo. Como además para votar después hay que ver todas las nominadas, los rumores cifran en sólo trescientas personas, de casi 5.000 votantes, las que deciden la película ganadora.

En más de una docena de ocasiones, películas españolas han sido nominadas al Oscar desde que fue seleccionada la primera, *La venganza* (1958). Sin embargo, sólo dos han logrado la estatuilla. La producción de José Esteban Alenda *Volver a empezar* (1982), dirigida por José Luis Garci, y la coproducción hispano-luso-francesa de Andrés Vicente Gómez *Belle Epoque* (1992), dirigida por Fernando Trueba.

Otros seis españoles han ganado el Oscar, pero con producciones no españolas. El decorador Manuel Gil-Parrondo, lo ha obtenido por *Patton* (1970), compartido con Antonio Mateos, y por *Nicolás y Alejandra* (1971), compartido con José Castillo. El director Luis Buñuel lo recibió por *El discreto encanto de la burguesía* (1972), hecha en Francia; el director de fotografía Néstor Almendros, por *Días de cielo* (1979), y Juan de la Cierva, por logros técnicos, en 1969.

El factor económico es otro elemento de presión muy importante para los votantes, sobre todo en momentos de crisis como el actual. El premio significa mucho dinero para la película ganadora y una garantía de estabilidad laboral para las personas vinculadas a su productora, que tendrá mayor liquidez para nuevos proyectos y para contratar más gente.

El Oscar supone, más o menos, 35 millones de dólares más en la taquilla. Hay excepciones, como *La lista de Schindler* (1993), que había recaudado 31 millones de dólares cuando fue nominada y llegó a los 60 millones para el día de entrega de los premios y, tras ganar siete estatuillas superó los 100 millones de dólares. Con *Platoon* (1986) fue similar: de 39 millones de dólares recaudados, saltó a 103 millones con la nominación y alcanzó los 138 millones al ganar cuatro Oscar.

En las películas de habla no inglesa el salto es igual de espectacular, pero en términos más relativos, claro. La hispano-luso-francesa *Belle Epoque* pasó de una recaudación de menos de un millón de dólares a un total superior a los 10 millones tras ganar la estatuilla. De forma similar, el salto de la italofrancesa *Cinema Paradiso* (1988) fue de algo más de un millón de dólares hasta los 12 millones.

No hay que olvidar que las maniobras descritas hasta aquí se apoyan con inversiones millonarias en campañas de imagen, que incluyen pases privados de películas, envío de cintas de vídeo, inserciones publicitarias en las revistas del sector y toda clase de regalos promocionales destinados a mediatizar la voluntad de los votantes.

Junto al Oscar, la primera división de los premios que se conceden cada año en el mundo del espectáculo americano la completan el Tony, de teatro; el Emmy, de televisión, y el Grammy, de música. Dos artistas han ganado a lo largo de su carrera los cuatro galardones, Liza Minnelli y la hispana Rita Moreno, la protagonista latina de *West Side Story* (1961). Unos pocos más, como Paul Scofield, Ingrid Bergman y Helen Hayes, han recibido los tres galardones de interpretación.

El Tony, abreviatura de Antoinette Perry Award, honra la memoria de la actriz fundadora de la asociación profesional American Theatre Wing, que, desde 1947, concede el premio a la actividad teatral de los escenarios del barrio neoyorquino de Broadway. El Emmy, creado a semejanza del Oscar, lo concede la Academia de Ciencias y Artes de la Televisión desde 1949. Su nombre es una variante de «Immy», apodo de un tipo de cámara televisiva que era muy innovadora en su técnica.

Oscar, Tony, Emmy y Grammy, los cuatro grandes, son los únicos premios que cuentan para la industria y que tienen una proyección internacional para sus ganadores. A su calor viven una multitud de pequeños galardones, algunos, como los Globos de Oro, estúpidamente jaleados por la prensa poco informada. En esencia, ese mare mágnum de trofeos menores los originan dos fuentes principales: asociaciones profesionales del mundo del espectáculo y asociaciones de críticos y periodistas.

Todos los gremios sectoriales de la industria honran cada año a los que consideran mejores entre sus miembros. Así, hay un premio del Sindicato de Directores de América; otro de la Organización Nacional de Propietarios de Salas de Cine que dan los exhibidores a las estrellas que más público han llevado a sus cines, y otro, el llamado «Águila dorada», con el que la comunidad hispana honra a las estrellas de origen latino.

Entre los galardones de la prensa, destacan los que conceden el Círculo de Críticos de Cine de Nueva York desde 1935; la Asociación Nacional de Críticos desde 1966, y la Asociación de Críticos de Cine de Los Ángeles desde 1975. Entre las tres, agrupan a lo mejor de la crítica americana con millones de seguidores en prensa, radio y televisión. Desde la temida y aguda Pauline Kael hasta el popular Roger Ebert, ganador del prestigioso premio Pulitzer de periodismo.

Mención aparte merece el premio David W. Griffith, el más antiguo de América, que concede desde

1917 la National Board of Review, un organismo privado cuyo nombre significa, más o menos, Junta Nacional de Calificación. Nació en 1909 en Nueva York para calificar las películas con un espíritu liberal ante la amenaza de que se estableciese un organismo público de censura, más restrictivo. Su labor hoy es difundir información sobre películas, mediante su revista *Films in Review.*

De estas recompensas honoríficas que otorga la prensa en Estados Unidos, la más desacreditada es el Globo de Oro. Sin embargo, gracias al fuerte apoyo de las grandes productoras, paradójicamente, lleva camino de ser el premio más conocido después del Oscar. Lo concede desde 1944 la Asociación de Prensa Extranjera de Hollywood (HFPA), fundada un año antes, cuando los corresponsales en la meca del cine eran tantos que sólo Washington, capital del país, reunía a más.

Como es fácil de comprender, aquella época dorada se ha olvidado hace ya mucho y la Asociación de Prensa Extranjera hoy es otra cosa, casi un misterio para iniciados del que se benefician unos pocos privilegiados. La revista profesional *Variety,* considerada la Biblia del mundo del espectáculo, ha llegado a escribir: «Pocos saben en Hollywood qué es la HFPA y quién vota para los cada día más cotizados Globos.»

En apariencia está claro. Se trata de un grupo de unos ochenta informadores gráficos y literarios, maduros, en su mayoría, que trabajan para medios de comunicación de medio centenar de países, desde Bélgica y Japón a los más ignotos que quepa imaginar. Sus propios estatutos prevén que su número se mantenga siempre muy bajo, lo que garantiza que cualquier privilegio alcanzará a la mayoría de los miembros y que la votación de los Globos nunca se les escapará de las manos.

En los tiempos difíciles que corren, no todos pueden llegar bien a final de mes con el dinero que ganan escribiendo sus crónicas para el extranjero. Las productoras lo saben y unas semanas antes de concederse el galardón les colman de atenciones y les invitan a ruedas de prensa restringidas, con actores inalcanzables para ellos el resto del año. Gracias al espejismo de ese falso acceso a las estrellas, aumenta de modo artificial su cotización profesional en sus países de origen.

Los Globos de Oro nunca han gozado de gran prestigio en Hollywood. «Lo peor de la gala de entrega del galardón es que no queda un solo camarero decente en la ciudad», ironiza un chiste cruel, en clara referencia a la leyenda negra de que muchos miembros de la asociación tienen que trabajar en la hostelería para sobrevivir. La duda que siempre hubo sobre lo fácil que parece comprar el premio se resolvió en 1982.

Ese año, como recordaba en un ácido artículo la revista *Premiere* (julio-1989), la hoy por completo olvidada actriz y cantante Pía Zadora obtuvo el Globo de Oro a la intérprete revelación con el filme *La marca de la mariposa* (1981), dejando en la cuneta a Kathleen Turner, nominada por *Fuego en el cuer-*

po (1982). Antes, el marido multimillonario de Zadora, había invitado a los votantes a un viaje a Las Vegas para que vieran el espectáculo de su mujer en uno de los casinos.

De forma misteriosa, al año siguiente, se suprimió la categoría dedicada al intérprete revelación. Es justo en el número de categorías donde se apoya la falsa idea de que los Globos de Oro, que se entregan a principios de febrero, son un buen termómetro de los Oscar, que se dan a final de marzo. El truco consiste en que los Globos dan dos premios en categorías en las que el Oscar sólo concede uno. Así es fácil acertar.

Hay dos Globos de Oro a la mejor película, al mejor actor y a la mejor actriz en categorías dramática y musical o de comedia. Como sólo hay un Oscar a la mejor película, al mejor actor y a la mejor actriz, basta con apostar por los favoritos para acertar. No hay que olvidar que el Oscar tiene valor por sí mismo, pero que los Globos de Oro sólo sirven a los fines publicitarios de los estudios mientras coincidan con el Oscar.

La batalla por ganar un Oscar empieza al final de octubre y se prolonga hasta la noche en la que se entrega el premio, al final de marzo. Eso es mucho tiempo para que una película mantenga el interés del público sin alguna ayuda externa. Ahí es donde juegan su principal papel todos los premios de los que se ha hablado hasta ahora. Como desde diciembre se van concediendo con diferencia de días, se convierten en pequeñas bocanadas de oxígeno que impulsan a la película hacia su meta.

La dificultad es que no todos los premios valen, unos porque no son muy conocidos y otros porque son difíciles de manipular. Lo ideal es, pues, un premio que tenga resonancia internacional, que suene, pero manteniendo su concesión dentro de un grado de ambigüedad adecuado para poder influir sobre ella sin dificultad, pero sin escándalo. Los Globos de Oro se ajustan a la perfección a esa necesidad de los estudios.

Alguna gente se toma con humor todo eso de los premios y se inventa los galardones más disparatados que quepa imaginar. La American Humane Association concede el Patsy, equivalente al Oscar para animales actores, desde 1951, año que lo ganó la mula Francis. La Asociación de Directores de Funerarias de California hizo una mención especial a *Mi chica* (1991), en la que Jamie Lee Curtis hace de maquilladora de cadáveres.

El acomodador de un cine de Canadá reclamó a Hollywood que le concediesen un premio por soportar películas aburridas, después de ver cincuenta y siete veces consecutivas la cinta de Ronald Reagan *Bedtime for Bonzo* (1951), en la que el actor comparte cámara con un chimpancé. Sólo logró que le regalasen una copia del filme para él. Sin duda, no sabía que hay un llamado Instituto del Aburrimiento que da el premio a la Película Más Aburrida.

Helen Hayes, la gran dama del teatro americano, quedó tan horrorizada al verse en *El pecado de Madelon Claudet* (1931), que intentó, sin éxito, comprar el negativo a la Metro Goldwyn Mayer para destruirlo, pero meses después ganó el Oscar a la mejor actriz por la película. Paul Newman siempre ha estado tan avergonzado por su debut en *El cáliz de plata* (1954), que cuando se programó el filme por televisión, puso un anuncio de una página en la prensa para pedir disculpas al público.

La vergüenza de Tom Cruise es haber participado en *Ir a perderlo... y perderse* (1982). Durante una entrevista, una reportera le mencionó que había visto la película. Él preguntó que si la habían invitado o había pagado ella; al contestarle que pagó ella, el actor le alargó un billete de banco de un valor varias veces superior al del coste de una entrada, para compensarla por malgastar su dinero y «por los daños».

Ninguna estrella tiene ya que preocuparse si hace una película mala, porque hay varios galardones para este tipo de cine. Los más veteranos son los Golden Turkey Award (Premio Pavo Dorado), otorgados por los críticos Michael y Harry Medved en sus libros *The Golden Turkey Awards,* y el que da la Fundación del premio Frambuesa Dorada. En 1973, Jack Lemmon tuvo el honor de ganar, a la vez, un Oscar y el premio Sátira de Harvard al Peor Actor, por *Salvad al tigre* (1973).

En los últimos años se ha impuesto la moda de reivindicar el cine malo, sin paliativos. Cuanto peor es una película, más probabilidades tiene de convertirse en título de culto entre los aficionados. La revista *Movieline* les dedica su sección «Las malas películas que amamos», la inglesa *Empire* editó *La guía del experto en maravillosas películas malas* y en Estados Unidos hay videoclubes que se hacen de oro alquilando sólo las peores cintas que se han filmado.

En definitiva, la esencia del cine no tiene que ver con la razón, sino con el corazón. Pauline Kael, cuyas opiniones críticas se consideran las de más prestigio en Estados Unidos, lo ha expresado perfectamente: «Las palabras "Kiss Kiss Bang Bang", que leí una vez en un cartel de cine italiano, son quizá la declaración más breve que pueda imaginarse para describir el atractivo básico que encierran las películas.»

16

LA MANO QUE MECE LA CUNA

(Estudios y magnates)

UNO de los errores más comunes que existen sobre el Hollywood de hoy es que aún quedan estudios de cine tal y como eran en el pasado. La idea pervive porque las películas mantienen las marcas clásicas de la Universal, la 20th. Century Fox o la Columbia. Sin embargo, si cualquiera de los magnates que las crearon tuviera la desgracia de resucitar, no daría crédito a lo que iba a ver. Eso, si el guarda de seguridad de la puerta de la productora le dejara pasar, que es muy posible que no.

Aquellos viejos negociantes no tienen nada que ver con los modernos tecnócratas que se han hecho con el poder en la meca del cine. Si resultó realmente milagroso que aquel grupo de hombres de negocios judíos, de origen centroeuropeo, sin apenas estudios y hechos a sí mismos levantaran un imperio de la magnitud de la industria cinematográfica americana, no lo es menos que el clan de gente guapa, experta en negociaciones y teoría económica que les ha sucedido, no lo hayan destruido.

La industria del cine americano surgió en la costa este, en Nueva York, de la mano de Thomas A. Edison, inventor de la bombilla eléctrica y el fonógrafo. En 1888, sus socios crearon la primera cámara de cine, el kinefonógrafo, cuyas películas se veían por medio de un visor individual, el kinetoscopio, que Edison desarrolló en 1889 y puso a disposición del público a partir de 1893. Para alimentar su invento, ese año fundó el primer estudio de cine del mundo llamado «Black Maria».

Los hermanos Lumière se le adelantaron en dar el paso siguiente y en 1895 en París proyectaron, por primera vez, películas sobre una pantalla, de modo que podían ser vistas por varias personas a la vez. En cualquier caso, para 1908 eran ya varias las productoras que hacían cine con distintas patentes en Estados Unidos. Edison, tan buen inventor como avispado comerciante, los reunió en la Motion Pictures Patents Company, para que sólo ellos y nadie más pudiera hacer cine.

Los problemas surgieron cuando algunos exhibidores no pudieron satisfacer la demanda del público sólo con los filmes que producía Edison y sus colegas en régimen de monopolio. Así aparecieron productoras independientes que trabajaban de modo clandestino. Ésa fue una de las razones, no la única, de que los cineastas que trataban de ocultarse de la voracidad de los agentes de Edison, cruzaran el país de un extremo a otro, llegando hasta Hollywood, en la costa oeste.

En esa época, al ser películas mudas, no importaba que hubiera ruido durante el rodaje y, para economizar, se filmaba aprovechando la luz del día con estudios que tenían el techo diáfano. Con esas características, la soleada California fue todo un descubrimiento. Sólo faltaba que hombres como Carl Laemmle, fundador de la Universal, y William Fox, de la 20th. Century Fox, plantaran cara a Edison en los tribunales, que disolvieron el monopolio en 1915, liberando la producción.

En los años siguientes fue disminuyendo la actividad cinematográfica en Nueva York, mientras que se iban formando las grandes productoras en Hollywood, por desaparición, fusión y absorción de las pequeñas empresas pioneras. A partir del nacimiento del cine hablado, a final de los años veinte, ocho estudios controlaban toda la industria, ya que producían las películas, con el personal artístico y técnico que tenían bajo contrato, las distribuían y exhibían en sus cadenas de cines.

Los ocho grandes o «majors», como se llaman en inglés, se dividían, a su vez, en los cinco grandes (Metro Goldwyn Mayer, Paramount, Warner Bros., 20th. Century Fox y RKO) y los tres pequeños (Universal, United Artists y Columbia). La principal diferencia entre ambos grupos es que los segundos o no tenían cadenas de cines propios o éstas eran reducidas. En cualquier caso, todos tenían su red internacional de distribución.

Eso no quiere decir que no hubiera también compañías independientes. La creada por David O. Selznick, en 1935, produjo *Lo que el viento se llevó* (1939) y fue la que llevó a Alfred Hitchcock a Hollywood. La de Shamuel Goldwyn, nacido en Polonia Shamuel Gelbfrisz, produjo los dramas de William Wyler, como *Los mejores años de nuestra vida* (1946), y descubrió a Gary Cooper, Lucille Ball, David Niven y Susan Hayward. La Republic, en fin, producía *westerns* baratos.

La principal dificultad de las productoras que pretendían ir por libre era que dependían de los grandes estudios para casi todo, ya que eran ellos los que controlaban los actores, la distribución y los mejores cines del país. Así, David O. Selznick tuvo que entregar la distribución de *Lo que el viento se llevó* a la Metro Goldwyn Mayer para que ésta le cediese a Clark Gable, estrella que tenía bajo contrato exclusivo.

Los magnates que forjaron Hollywood tenían muchos puntos en común. La mayoría empezaron como propietarios de cines para pasarse a la distribución y acabar fundando su productora. Todos eran judíos de origen europeo. Carl Laemmle, fundador de la Universal, nació en Alemania; Louise B. Mayer, de la Metro Goldwyn Mayer, en Rusia; William Fox, de la 20th. Century Fox, y Adolph Zukor, de la Paramount, en Hungría, y Jack Warner, de Warner Bros., era de origen polaco.

Algunos, como William Fox, nacido Wilhelm Fried, habían americanizado sus nombres. Apenas tenían preparación cultural, pero sabían bien lo que quería el público. Para ellos, el cine no tenía que ver con la vida ordinaria, sino con la fantasía y el espectáculo. Como eran propietarios, en buena parte, de sus estudios, en los que actuaban como señores feudales y, aunque debían rendir cuentas a los accionistas, hacían el cine que querían y cada uno imprimía su sello personal a sus películas.

«Entonces —recordaba el director Billy Wilder—, cada uno tenía su estilo. Aunque te llevaran con los ojos vendados a una sala de cine, en cuanto mirabas a la pantalla podías decir: "Ésta es una película RKO; ésta, Paramount, y ésta de la Metro Goldwyn Mayer." Todos tenían su firma, como las editoriales.» Esa característica se ha perdido con el paso del tiempo. Hoy sería imposible distinguir unos estudios de otros, pero cuando nacieron, cada uno era diferente.

La Metro Goldwyn Mayer (MGM) derrochaba lujo y presumía de tener «más estrellas que en el cielo» y era cierto. En su nómina de talentos estaban Greta Garbo, Clark Gable, Joan Crawford, Spencer Tracy, Jean Harlow y Mickey Rooney. Su especialidad eran los musicales, que revolucionó gracias a Gene Kelly, Fred Astaire (en solitario), Judy Garland y Frank Sinatra, dirigidos por Vincente Minnelli y Stanley Donen.

La razón de tanto oropel era que la MGM tenía menos salas de cine que sus competidores, lo que le obligaba a esforzarse más que ellos para atraer al público. La paradoja es que fue el último de los grandes estudios que adoptó el sonoro en sus películas para luego triunfar precisamente con musicales como *Levando anclas* (1945), *Un día en Nueva York* (1949), *Un americano en París* (1951) y *Cantando bajo la lluvia* (1952).

De su multitud de estrellas sólo una apareció en todas sus producciones, el leon símbolo del estudio, que rugía en cada película bajo el lema «Arts Gratia Artis» (El arte por el arte). El primer León que ganó el papel, en la época muda, fue *Leo,* al que sucedió, con el sonoro, *Pluto,* en 1928. El propio Louis B. Mayer en persona eligió su mejor toma, rugiendo dos veces, deteniéndose y volviendo a rugir. Tras él, en 1944, el biznieto de *Leo* se hizo cargo de la lucida aparición estelar.

La historia de *Leo,* el león pionero, fue digna de un gran ídolo de la pantalla. Capturado en Sudán, tuvo un viaje tan accidentado que fue casi un milagro que llegase a América. Su avión chocó antes de despegar, un par de trenes colisionaron después de bajarle a él y el barco que le llevó se supo que acabó arrastrado por el agua. Por si quedaban dudas sobre su efecto devastador, su llegada a California coincidió con el terrible terremoto de 1921, durante el que la MGM se incendió.

Todas las tribulaciones merecieron la pena porque el público le adoró desde el primer momento y era un habitual de los estrenos, a los que acudía en su vehículo propio, mientras sus cuidadores repartían fotos suyas con la dedicatoria, «Rugientemente suyo, Leo». Como cualquier estrella, al perder el favor del público cayó en el olvido. Murió en

1938 y fue enterrado en Long Hill, a unos 45 kilómetros de Nueva York.

Su historia, sin embargo, no acabó ahí. En 1994, los habitantes del lugar iniciaron una campaña para preservar sus restos porque una empresa de camiones iba a construir un aparcamiento sobre su sepultura. «Si otros ponen flores sobre la tumba de Marilyn Monroe —planteó Joe DuPont, responsable de la Cámara de Comercio local—, también podría hacerse sobre la de *Leo*. Él también forma parte de nuestra herencia.»

La Metro Goldwyn Mayer se desentendió de la iniciativa y su vicepresidenta, Anne Corley, declaró: «Sinceramente, no estamos interesados en algo que ocurrió hace cincuenta años.» Roger Mayer, presidente de Turner Enterprises, propietaria de todas las películas hechas por el estudio hasta 1986, añadió que «no debería pavimentarse sobre la tumba de una figura literaria o de un actor, pero si sucediese, al menos, la imagen del león aún queda preservada en las películas».

En la Columbia había también una fiera propia, sólo que no salía en sus producciones, aunque las hacía. Era Harry Cohn, el fundador del estudio, el mismo que trató de contratar a toda costa a Sara Montiel en los años cincuenta, cuando la actriz vivía y trabajaba en Hollywood. De Cohn se dice que fue el más temible de todos los magnates, peor incluso que Jack Warner, y que al acabar la jornada recorría su estudio para pillar a los empleados que habían olvidado una luz encendida.

Como no tenía tantos medios como otras productoras ni disponía de cines propios, Columbia cuidaba mucho los guiones y la puesta en escena. Su principal activo fue el director Frank Capra, que salvó al estudio de la ruina durante la Depresión. Su señal de identidad fueron las comedias y entre sus pocas estrellas contaba con Rita Hayworth, William Holden y Kim Novak. Sus grandes éxitos fueron *Sucedió una noche* (1934), *Gilda* (1946) y *El puente sobre el río Kwai* (1957).

A Harry Cohn le apodaban «el hombre más mezquino de Hollywood», pero hay que reconocer en su honor que hasta su muerte en 1958 su imperio no tuvo pérdidas ni un solo año. La Columbia, representada por una mujer con una antorcha que recuerda a la Estatua de la Libertad, fue el primer estudio en permitir que sus películas se pasaran por televisión y también el primero que se aventuró produciendo para ese medio.

La particularidad de la Paramount fue que no acuñó casi ninguna estrella propia salvo alguna excepción, como Gary Cooper, porque prefería atraer al cine a luminarias de la música, la radio y el teatro. De su mano llegaron a la pantalla los hermanos Marx, Bing Crosby, Bob Hope, Maurice Chevalier, Jerry Lewis y Dean Martin. El arco de su entrada, por Marathon Street, hoy en desuso, ha aparecido en multitud de películas como símbolo de los estudios de Hollywood.

Con la llegada del sonoro se convirtió en la productora más poderosa de la meca del cine. Nunca tuvo tantas estrellas como la MGM, pero su magnate, Adolph Zukor, siempre puso el énfasis en reunir al grupo más selecto de ellas. En el cine mudo, fichó a Gloria Swanson, Rodolfo Valentino, Clara Bow, Pola Negri, John Barrymore y al director Cecil B. DeMille. Su truco era hacer posible que el público disfrutase, por poco dinero, del arte de los grandes nombres de la escena.

La búsqueda de calidad se reflejó en que a principios de los años treinta llevaron a Hollywood, desde Alemania, al director Josef von Sternberg y a su estrella Marlene Dietrich. Además, por esas fechas, Paramount fue el primer estudio que puso de jefe de producción a un director, Ernest Lubitsch. Ningún otro realizador ocupó desde entonces puestos de tanta responsabilidad hasta que Joe Roth se puso al frente de la 20th. Century Fox en 1989, y de la Disney en 1994.

La RKO (Radio-Keith-Orpheum) lo tenía todo para ser un gran estudio, menos un magnate a su cabeza, lo que le condenó a convertirse en el menos importante de los cinco grandes. Eso no quita que produjera los musicales de la pareja Fred Astaire y Ginger Roger y títulos tan capitales para el cine como *King Kong* (1933) y la mítica *Ciudadano Kane* (1941). Fue el único estudio que nació como consecuencia directa del cine sonoro.

Su suerte quedó sellada en 1948 cuando la compró el excéntrico magnate Howard Hughes. Según cuenta Ingrid Bergman en sus memorias, *Ingrid Bergman: Mi vida* (Planeta, 1982), el multimillonario le telefoneó y le dijo. «Soy Howard Hughes y he comprado un estudio para ti.» La estrella le preguntó incrédula: «¿Que has hecho qué?» «He comprado la RKO como regalo para ti», repitió él. «No sabía —precisa Bergman— si bromeaba o no, pero conociéndole es posible que no.»

Hughes se deshizo de la productora en 1955, después de llevarla al caos. En 1957, la RKO cerró definitivamente y vendió sus locales a la productora de televisión Desilú, de Lucille Ball y su marido Desi Arnaz. Ambos actores se habían conocido en esos platós, en 1940, cuando trabajaban allí. Uno de los grandes éxitos del estudio fueron sus filmes de terror psicológico, como *La mujer pantera* (1942), ideadas como respuesta modesta a la parafernalia del terror de monstruos.

Todos los grandes mitos del horror eran de la Universal, la productora de Carl Laemmle, el «tío Carl», que a lo largo de los años treinta estrenó *Drácula* (1931), *Frankenstein* (1931), *La momia* (1932), *El hombre invisible* (1933) y *El hombre lobo* (1935). Sus estrellas incluían a Boris Karloff, Lon Chaney, Bela Lugosi, la exótica María Montez, Bud Abbott y Lou Costello, Deanna Durbin, Rock Hudson y Tony Curtis. Otros, como Doris Day y Cary Grant, acabaron sus carreras en él.

Laemmle, que se retiró en 1936 y falleció en 1939, fue uno de los grandes visionarios del cine, por más que sea el más olvidado de todos. Él plantó cara al monopolio de Edison en los tribunales y fue el primero en establecer el sistema de estrellas en 1910 al lanzar a Florence Lawrence. «¡Ya tengo el nombre! —dijo cuando pensaba cómo llamar a su estudio y vio pasar un camión de la Universal Pipe Fittings—, Universal, eso es lo que estamos dando, entretenimiento universal.»

El último magnate fue Darryl F. Zanuck, cofundador con William Fox de la 20th. Century Fox, que se mantuvo al frente de su estudio hasta 1971 y falleció en 1979. Era un bromista infatigable que llevaba falsos bombones de goma para dar a los amigos y que una vez vistió a un chimpancé como él, que era muy bajito, y le sentó a presidir una junta de ejecutivos. Bajo su mandato, la Fox lanzó a Marilyn Monroe y produjo filmes como *Eva al desnudo* (1950) y *Sonrisas y lágrimas* (1965).

No contaba con demasiadas estrellas, aparte de Shirley Temple, Tyrone Power y Betty Grable, pero entre sus directores estuvieron tres pesos pesados: John Ford, Elia Kazan y Joseph L. Mankiewicz. En contrapartida tenía la segunda cadena de cines más importante después de la Paramount e introdujo el formato Cinemascope en Hollywood. En sus producciones alternó los grandes espectáculos con obras de denuncia social, como *Las uvas de la ira* (1940) y *Pinky* (1949).

No en vano, Zanuck había trabajado para Warner Bros., el estudio de Jack Warner, que siempre se distinguió por ser el que más se preocupaba por esos temas. El único, en realidad. Sus películas eran las más baratas y con el montaje más rápido de todas las grandes productoras. Lo suyo fueron los musicales con grandes coreografías de Busby Berkeley y el cine negro, con James Cagney, Edward G. Robinson y Humphrey Bogart.

Los hermanos Warner fueron los primeros en estrenar una película hablada, *El cantor de jazz* (1927), uno de sus títulos que como *Casablanca* (1942) hicieron historia. Tenía también un departamento de animación, que triunfó con *El conejo de la suerte, Speedy González, el Correcaminos, el Pato Lucas, el cerdito Porky y Piolín* y *el gato Silvestre.* Personajes con conductas mucho menos convencionales, pero también mucho más divertidas que los de Walt Disney.

Junto con Harry Cohn, Jack Warner era el magnate que peor trataba a sus actores. Tenía en su nómina a Ronald Reagan, que estuvo a punto de protagonizar *Casablanca,* Bette Davis y Olivia de Havilland. Estas dos últimas mantuvieron agrias batallas legales, lo mismo que James Cagney, para liberarse del yugo de su contrato abusivo con el estudio. Los tres, por una razón u otra ganaron y la sentencia de Olivia de Havilland marcó un hito para acabar con el odiado sistema de estudios.

Warner había cedido a la actriz a David O. Selznick para protagonizar *Lo que el viento se llevó*, pero cuando acabó el rodaje y volvió a su estudio sólo le ofrecieron papeles muy por debajo de sus posibilidades. Ella se negó a aceptarlos y sus jefes suspendieron su contrato. Eso significaba que la estrella no podía trabajar ni cobraba durante el tiempo que duraba el rodaje del filme que no quería hacer, más otro período adicional como castigo.

Los actores firmaban contratos por siete años, pero como las suspensiones no contaban los magnates mantenían atrapadas a sus estrellas hasta el doble de ese tiempo, hasta que los tribunales le dieron la razón a Olivia de Havilland en 1945 y determinaron que las suspensiones no se podían sumar al período de duración del contrato. En 1949, Jack Warner perdió a otra de sus estrellas, Bette Davis, por razones similares.

El golpe de gracia para los estudios fue la sentencia del Tribunal Supremo de Estados Unidos que les obligó a vender sus cadenas de cines porque al ser productores, distribuidores y exhibidores a la vez (como hacen ahora en Europa) estaban atentando contra la ley anti-Monopolios. Una vez perdido el control sobre sus estrellas y sobre las salas de cine, sólo fue cuestión de tiempo que se desmoronase el sistema completo.

Los viejos estudios dejaron de ser cadenas de montaje y venta de películas para evolucionar hacia las productoras que son hoy. Lo que hacen, en esencia, es financiar los proyectos de productores independientes, arroparlos bajo sus marcas legendarias y distribuirlos por todo el mundo. Si antes, los estudios eran dueños de sus productos e iban formando archivos muy valiosos, hoy las productoras no pueden hacer eso porque no son propietarias de muchos de los filmes que distribuyen.

Lo curioso es que United Artists, el estudio más atípico de los ocho grandes, se configuró, desde su fundación en 1919, con una estructura muy similar a la que han adoptado todas las productoras en la actualidad. Lo crearon Charles Chaplin, Mary Pickford, Douglas Fairbanks y el director David W. Griffith para distribuir las películas que cada uno de ellos hacía con sus productoras propias. No tenía locales de producción ni cines y era una distribuidora de productores independientes.

No es raro pues que ése fuera el primer estudio que dio el paso hacia la nueva época al venderse en 1951 y hacerse cargo de él dos abogados, Robert Benjamin y Arthur Krim. En 1962, la MCA (Music Corporation of America) compró Universal y puso a su frente al representante Lew Wasserman. En 1966, se vendieron Warner a Seven Arts y Paramount a Gulf and Western; en 1968, MGM al financiero Kirk Kerkorian; en 1981, Fox al petrolero Marvin Davis, y, en 1982, Columbia, a Coca-Cola.

Desde entonces, se han sucedido ventas y reventas de casi todos ellos. Ya no son estudios de cine, sino parte de grandes comporaciones regidas por ejecutivos que sólo saben de cuentas de resultados. No les gusta Hollywood, pero adoran el dinero que proporciona una película de éxito. Además, la imprevisión del negocio del cine es la disculpa ideal para derivar hacia las cuentas del estudio las pérdidas de otras empresas de la corporación, ocultando así errores a sus accionistas.

Francis Ford Coppola trató de enfrentarse a ese estado de cosas al fundar Zoetrope en 1969 para recuperar la forma de producción del sistema de estudios, con contratos a largo plazo para todos los que participaban en sus películas. Hizo *La conversación* (1974), *Apocalypse Now* (1979), *Rebeldes* (1983), *La ley de la calle* (1983) y otros títulos clásicos, pero en 1984 cerró arruinado y señalado como maldito, igual que el personaje de *Tucker, un hombre y su sueño* (1988).

Entre 1989 y 1991 hubo un desembarco en Hollywood de capital japonés de multinacionales de la electrónica. La pretensión era producir películas para formar un archivo de títulos que poder usar en el lanzamiento de sus aparatos de vídeo, láser disc, ordenadores interactivos, videojuegos y otros productos de sus empresas. Matsushita, fabricante de Panasonic y Technics, compró, y luego vendió, la MCA-Universal, mientras que su competidora Sony adquirió Columbia y su filial TriStar.

Entre tanta confusión financiera y empresarial aparecen y desaparecen miniestudios, que pueden financiar proyectos, pero carecen de la capacidad de distribuirlos por sí mismos. Cannon, Orion, Carolco, Lorimar, New Line, Ladd Company... la lista de nombres de productoras de vida difícil y efímera es interminable. La economía ha desplazado al cine y desde esa perspectiva lo menos importante es ya hacer películas.

«La mentalidad de Hollywood es como el corporativismo comunista —se quejaba Andrei Konchalovsky, director de *Los amantes de María* (1984)—. Todos cobran por decir no y sólo unos pocos dicen sí, porque si dices sí y te equivocas, te despiden.» El director Robert Altman añade: «Es muy difícil encontrar a alguien con una pizca de decencia en este negocio. Todos se esconden en la estructura corporativa, como caseros echando inquilinos. No hay compasión ni interés por el arte.»

Durante la época clásica, los estudios Disney fueron una excepción. Los fundaron los hermanos Walt y Roy Disney en los primeros años veinte, pero nunca se contaron entre los ocho grandes por su tipo de productos y porque no tuvieron distribuidora propia hasta que crearon una en 1953, bautizándola Buena Vista, por el nombre de la calle en la que estaba el estudio. Se parecían, en cambio, a los otros, en los aspectos prácticos.

Las maneras del magnate con sus empleados y los sueldos, provocaron una huelga masiva de animadores, en 1941. Incapaz de manejarla, abandonó el país, en un ambiguo viaje de buena voluntad por Sudamérica. «Disney como persona es encantador y administra una fábrica que explota a sus obreros —contaba Otis Ferguson, un afectado—. Es el mago que hace reír a millones de niños, mientras la gente a la que contrata no puede estar segura de que sus hijos tendrán ropa para ir al colegio.»

Leonard Mosley narra en su libro *The real Walt Disney* (Futura, 1987) un hecho mucho más inquietante. El 7 de diciembre de 1941, horas después del bombardeo japonés a Pearl Harbor, los estudios de Buena Vista fueron tomados por tropas armadas, y permanecieron bajo ocupación militar un año, en apariencia como cuartel general para proteger California de un ataque japonés. «Fue el único estudio de Hollywood aislado de esa forma —remacha Mosley—, y aún no está claro por qué.»

Disney no fue, para nada, un artista excepcional, pero supo rodearse de los mejores y cubrir siempre con su nombre el trabajo de los otros. Mosley cuenta en su libro el caso de Ken Anderson, brillante dibujante. «Eres nuevo y quiero que comprendas una cosa —le dijo el magnate—. Lo que vendemos aquí es el nombre de WALT DISNEY, si puedes digerirlo y recordarlo siempre, serás feliz, pero si abrigas cualquier ilusión de llegar a ser KEN ANDERSON, lo mejor es que te vayas ya.»

Tras la muerte del fundador, en 1966, el estudio entró en una espiral descendente, mientras los parques de atracciones y la explotación de artículos con la imagen de los personajes de sus películas mantenían la cuenta de resultados. El punto más bajo lo marcó la deserción masiva de sus dibujantes, en 1979, encabezados por Don Bluth, incapaces de soportar la economía de medios y los mínimos de calidad alcanzados.

La situación llegó a ser tan desastrosa que los jefes de la casa madre, la Walt Disney Co., se plantearon muy en serio el cierre definitivo de los estudios. Sin embargo, en 1984, Roy E. Disney, considerado hasta entonces «el sobrino tonto» del fundador, tomó el control de la compañía, se reservó el puesto de vicepresidente y fichó a Frank Welles, de Warner, y a Michael Eisner y Jeffrey Katzenberg, de Paramount, para que le ayudaran en su tarea de reflotar la empresa familiar.

El nuevo equipo directivo creía entonces que el futuro estaba en la producción de películas con actores reales, a traves de su sello Touchstone, y no confiaba demasiado en los largometrajes de dibujos animados. Los grandes éxitos de *1, 2, 3... Splash* (1984), *Por favor, maten a mi mujer* (1986), *El color del dinero* (1986), *Un loco suelto en Hollywood* (1986) *Good Morning, Vietnam* (1987) y *Pretty Woman* (1990), parecieron darles la razón al principio.

El principal beneficiado fue Michael Eisner, que como responsable de la Walt Disney Company no tenía un gran sueldo, pero recibió un paquete de acciones que le convirtió en el ejecutivo mejor pagado de Estados Unidos. La generosidad del estudio no alcanzó a todos. «Si quieres ganar dinero con Disney, compra acciones de la compañía y no pierdas el tiempo negociando un sueldo mejor», recomendó el actor James Earl Jones, la voz, en inglés, del rey León padre.

El principal método de abaratar costes era contratar por sueldos muy bajos y por varias películas a principiantes o a profesionales de fama, pero con carreras en crisis. Así, las producciones salían muy baratas y daban beneficios aunque las recaudaciones no fueran altas. En 1990, un filme de Disney costaba un tercio menos que en los otros estudios. Además, si triunfaba se rentabilizaba el éxito de los actores, en nuevas películas, pero al sueldo bajo fijado en el contrato inicial.

Eso fue lo que les ocurrió a Bette Midler, Nick Nolte y Richard Dreifuss tras relanzar sus carreras con *Un loco suelto en Hollywood* (1986), Alec Baldwyn, reconcomido por el bajo salario de su contrato en *Ella siempre dice sí* (1991) convirtió el rodaje en un infierno. Al acabar, pronunció una frase referida a Jeffrey Katzenberg, jefe del estudio, que hizo historia en Hollywood: «Es el octavo enanito, Avaro.»

Las anécdotas no se limitaron a los actores. Un guionista anónimo hablaba de que estaba atado a Disney por un «contrato Mandingo», en alusión a la película de ese título sobre esclavos maltratados, y la gente se refería al estudio como «Mouschwitz», palabra fusión de «Mickey Mouse» y «Auschwitz», el terrible campo de concentración nazi. Aunque eso empezó a solucionarse algo a partir de que Joe Roth sustituyó en 1994 a Jeffrey Katzenberg como jefe del estudio.

Lo que ha demostrado el tiempo es que la gallina de los huevos de oro del estudio sigue siendo el cine de animación, con los éxitos de *La sirenita* (1989), *La Bella y la Bestia* (1991), *Aladdin* (1992), *El rey León* (1994), *Pocahontas* (1995), *Toy Story (Juguetes)* (1995), y *El jorobado de Notre Dame* (1996). Máxime cuando sus sellos Touchstone y Hollywood Picture, de cine para adultos, dan resultados mediocres, como el de *Condenada* (1996) con Sharon Stone, y su filial Miramax crea escándalos como los originados por *Sacerdote* (1994) y *Kids* (1995).

En 1994, Jeffrey Katzenberg, jefe del estudio y artífice de títulos como *Pretty Woman* y *El rey León*, dejó Disney y se unió al director Steven Spielberg y al multimillonario David Geffen, productor de

Entrevista con el vampiro (1994), para fundar un nuevo estudio llamado DreamWorks. Spielberg, el director más poderoso y rico que jamás haya existido, producía hasta entonces con su compañía, Amblin, pero tenía que compartir sus beneficios con estudios como Warner y Universal.

El nuevo estudio se creó justo cuando se cumplían setenta y cinco años de que los directores Charles Chaplin y David W. Griffith y el matrimonio de actores compuesto por Mary Pickford y Douglas Fairbanks, cuatro de los personajes más poderosos y populares del cine mudo, fundaron la United Artist. Fue el primer gran estudio de Hollywood regido por artistas. La creación de DreamWorks ha conmocionado a la industria tanto como lo hizo la United Artists, aquel lejano 1919, cuando un magnate atónito exclamó: «Los locos se han hecho cargo del manicomio.»

BIBLIOGRAFÍA

PARA la redacción de este libro se han consultado más de un centenar de obras. De ellas, han resultado de inestimable utilidad: *The American Film Industry* (Anthony Slide), *Anatomy of the Movies* (David Pires), *And the Winner Is...* (Emanuel Levy), *The Best of Modern Magazine* (Mark Bego), *Dateline: Hollywood* (Mark Drop), *The Film Marketing Handbook* (Durie Pham Watson), *The Genius of the System* (Thomas Schatz), *Hollywood at Home* (Sid Avery/Richard Schickel), *Hollywood Babble On* (Boze Hadleigh), *Hollywood Now* (William Fadiman), *Hollywood: Legend and Reality* (Michael Webb), *Hollywood People* (Douglas Thompson), *The Hollywood Story* (Joel W. Finler), *Hollywood: The Dream Factory* (Hortense Powdermaker), *The Movie Business* (David Lees/Stan Berkowitz), *Movie Clips* (Patrick Robertson), *The New Hollywood* (Jim Hillier), *Reel Power* (Mark Litwak) y *Working Cinema* (Roy Paul Madsen).

Se han consultado también medio centenar de publicaciones periódicas: diarios *(The New York Times, The Times,* etc.), revistas de información general *(Time, People, Vanity Fair, The New Yorker, Interview, Rolling Stone,* etc.), prensa popular *(Star, National Enquirer, The Sun,* etc.) y medios de información cinematográfica *(Empire, Premier, Movieline,* etc.). De todos ellos, hay que destacar la revista profesional *Variety,* apodada, con justicia, «la biblia del mundo del espectáculo». Su lectura es obligada para cualquiera que quiera saber cómo funciona Hollywood o dedicarse, con seriedad, al periodismo cinematográfico.

Las fuentes hemerográficas y bibliográficas se han completado y contrastado con entrevistas y opiniones de estrellas y cineastas, recogidas por el autor en el ejercicio de su actividad periodística.

ÍNDICE DE NOMBRES Y PELÍCULAS